高等职业教育智能网联汽车类专业创新教材

智能网联汽车装调与测试

（彩色版配实训工单）

主　编　冯亚朋　徐艳民
副主编　崔亚楠　项雨升　王飞仁
参　编　黄英健　纪少波　徐国旗
　　　　张　迪　马　铮　吴夷敏

机械工业出版社

本书内容包含5个项目：项目一讲述了智能网联汽车安装与安全操作，包括智能网联汽车基础知识、智能网联汽车认知与安装、智能网联汽车安全操作；项目二讲述了智能网联汽车操作系统基本使用，包括Ubuntu（Linux）系统和ROS的安装、基本使用和常用命令操作等；项目三讲述了智能网联汽车传感器装调，包括激光雷达、单目摄像头、深度摄像头、全球定位系统、惯性导航和组合惯导等传感器的定义、分类、特点和应用等基础理论知识，进一步介绍了上述传感器的安装、驱动编译、数据获取、可视化和标定等装调内容；项目四讲述了智能网联汽车数据采集与标注，包括高精地图的标注制作和深度学习数据集标注制作；项目五讲述了智能网联汽车线控底盘控制测试，包括线控底盘组成与运行原理、线控底盘的电气改装和线控底盘CAN通信测试。

本书可作为高职及应用型本科院校新能源汽车技术、汽车电子技术、智能网联汽车技术等专业的教材，也可供智能网联汽车相关技术人员参考使用。

图书在版编目（CIP）数据

智能网联汽车装调与测试：彩色版配实训工单 / 冯亚朋，徐艳民主编. —北京：机械工业出版社，2023.5（2025.1重印）
高等职业教育智能网联汽车类专业创新教材
ISBN 978-7-111-72992-1

Ⅰ.①智… Ⅱ.①冯… ②徐… Ⅲ.①汽车-智能通信网-调试方法-高等职业教育-教材 ②汽车-智能通信网-测试-高等职业教育-教材 Ⅳ.①U463.67

中国国家版本馆CIP数据核字（2023）第064911号

机械工业出版社（北京市百万庄大街22号 邮政编码100037）
策划编辑：齐福江　　　　责任编辑：齐福江
责任校对：肖 琳 徐 霆　封面设计：张 静
责任印制：刘 媛
北京中科印刷有限公司印刷
2025年1月第1版第3次印刷
184mm×260mm・15印张・359千字
标准书号：ISBN 978-7-111-72992-1
定价：65.00元

电话服务　　　　　　　网络服务
客服电话：010-88361066　机 工 官 网：www.cmpbook.com
　　　　　010-88379833　机 工 官 博：weibo.com/cmp1952
　　　　　010-68326294　金 书 网：www.golden-book.com
封底无防伪标均为盗版　　机工教育服务网：www.cmpedu.com

前　言

科技兴则民族兴，科技强则国家强。党的二十大报告指出，必须坚持科技是第一生产力、人才是第一资源、创新是第一动力，深入实施科教兴国战略、人才强国战略、创新驱动发展战略，开辟发展新领域新赛道，不断塑造发展新动能新优势。全球新一轮科技革命和产业变革正在蓬勃发展，汽车与能源、交通、信息通信等领域加速融合，智能网联汽车作为产业变革创新的重要载体，正在推动着汽车产业形态、交通出行模式、能源消费结构和社会运行方式的深刻变化，具有广阔的市场前景和巨大的增长潜能。与此同时，智能网联汽车技术涉及计算机、人工智能、融合传感、通信、云计算、高精地图、自动控制等多学科综合技术，技术门槛高、跨度大，这给职业教育教学、实训和教材编写带来困扰。

参与本书编写的有长期从事一线教学工作、参与国赛工作、近年来长期坚持自动驾驶技术开发工作的教师，也有从事自动驾驶技术研发与应用的企业专家。本书编者结合近年来的自动驾驶项目经验、企业调研情况和职业院校学生特点，梳理出学生要掌握的核心能力点：基础工具使用，包括 Ubuntu 系统常用指令、ROS 调试指令与组件、深度学习标注软件、高精地图标注软件和 CAN 通信软件等；智能网联汽车装调与测试，包括车辆智能驾驶部件（系统）的安装与电气调试、车辆的安全使用与数据采集、传感器装调、高精地图制作、深度学习数据制作和 CAN 通信测试等。本书以上述职业岗位核心能力为出发点组织编写，内容从智能网联汽车认知与安全使用，途经智能网联汽车操作系统使用，到传感器装调，再到数据采集与标注，最后到线控底盘控制测试。全书整体内容遵循自动驾驶技术开发与测试流程逻辑，循序渐进，层层推进。任务选择同时对接"1+X"证书和国赛内容，配套实训工单，实现课证融通、以赛促教、以赛促学。

在具体编写上，本书采用"学习目标—任务描述—任务准备—任务实施与评价—知识与能力拓展—强化练习"的方式编写。每段学习内容开始都有明确、可量化检测的学习目标，除了专业能力目标之外，紧跟行业理念、技术发展和社会对人才的实际需求，在每个任务目标中还设置了素养目标，旨在培养学生家国情怀、民族自豪感和精益求精的工匠精神。为达成学习目标，会引入企业的典型任务，以任务驱动的方式完成任务准备内容和任务实施，在任务实施环节有明确实施流程和单独的实训工单保证高质量能力训练。任务完成后，会对学生的学习过程和成果进行量化评价。最后，为了提高学生的岗位适应能力专门设置了知识与能力拓展和强化练习，这两个环节可以对学生掌握的知识能力进行拓展和强化。

  为了打造完整、可监控的闭环任务驱动实施流程，本书配套了完整的线上课程资源。线上课程资源和教材内容相辅相成，深度支持线上线下混合模式教学。线上资源涵盖教学资料（课程标准、教学日历和教案）、学习资源（课件、多媒体和讲解视频等）和评价资源（习题库、作业库和考试库）。可利用网络学习平台贯穿全课堂，并依托现代网络学习平台信息技术，对学生学习过程进行跟踪与记录。在此基础上可运用网络学习平台的数据分析手段，对学生学习过程数据、阶段学习目标达成度进行实时量化追踪与反馈。学生可以结合自身掌握情况，利用网络平台学习资源和教材进行自主差异化学习，使学习目标达成度持续提高。

  智能网联汽车技术正处于快速发展过程中，一些内容未在书中反映。因作者水平有限，书中疏漏之处在所难免，敬请各位读者批评与指正（反馈意见可发送到电子邮箱826488688@qq.com）。

编 者

二维码清单

名称	图形	页码	名称	图形	页码
虚拟机安装与虚拟机配置		P032	NMEA-0183 协议解析		P124
Ubuntu 安装		P032	GPS 模块安装与调试		P127
使用 TF 卡烧录镜像		P057	IMU 安装与调试		P129
制作 Ubuntu18.04 启动 U 盘		P059	组合惯导部件认识		P131
ROS 安装		P076	组合惯导配置参数		P131
单线激光雷达安装与调试		P090	多线激光雷达数据采集与 hdl 建图		P152
多线激光雷达安装与调试		P095	Unity 安装 1		P153
单目摄像头安装与调试		P109	Unity 安装与导入插件		P153
双目摄像头安装与调试		P113	CAN-USB 调试工具使用		P187

目录

前言
二维码清单

项目一 智能网联汽车安装与安全操作

任务一　智能网联汽车认知与安装　/ 001
任务二　智能网联汽车安全操作　/ 016

项目二 智能网联汽车操作系统基本使用

任务一　Ubuntu 系统安装与基本使用　/ 026
任务二　ROS 安装与基本使用　/ 064

项目三 智能网联汽车传感器装调

任务一　雷达传感器安装与调试　/ 084
任务二　视觉传感器安装与调试　/ 102
任务三　定位传感器安装与调试　/ 115

项目四 智能网联汽车数据采集与标注

任务一　道路数据采集与高精地图制作　/ 146
任务二　目标检测深度学习数据集制作　/ 157

项目五 智能网联汽车线控底盘改装与控制测试

任务一　线控底盘控制系统改装　/ 171
任务二　线控底盘 CAN 通信测试　/ 181

项目一
智能网联汽车安装与安全操作

任务一　智能网联汽车认知与安装

学习目标

知识目标

1）掌握智能网联汽车的定义与内涵。
2）掌握智能网联汽车的等级划分方法。
3）掌握智能网联汽车的系统组成与功用。
4）掌握智能网联汽车的安装方法。

能力目标

1）能从电控的角度对智能网联汽车各部件（系统）进行划分。
2）能对市场上主流智能网联汽车进行等级划分。
3）能自主查阅智能网联汽车技术资料并完成车辆部件认知和安装。

素养目标

1）在国际新能源汽车和智能网联汽车发展背景下，通过了解我国取得的一系列成果，培养学生的自豪感、使命感、责任感、爱国精神。
2）通过分组实训任务，培养学生的团队组织、分工协作和沟通协商等职业素养。

任务描述

智能网联汽车技术是一项前沿的汽车技术,无论是从汽车硬件上还是从软件架构上都与大家学习过的燃油车和新能源汽车有很大不同。在此部分,我们将对智能网联汽车的基础知识进行学习,包括智能网联汽车的定义、内涵、分类、结构组成与功用及智能网联汽车的核心技术。在此基础上,我们将通过实车完成智能网联汽车各系统(部件)的认知和安装。通过本任务的学习,你将对智能网联汽车有个整体的认识,并为后续的车辆安全操作学习打下基础。

任务准备

一、智能网联汽车的定义与等级划分

1. 智能网联汽车的定义

2015年10月17日,第十三届中国汽车产业高峰论坛"中国汽车产业:互联、移动与智能城市"在中欧国际工商学院上海校区成功举办。在此次论坛上,中国汽车工业协会首次发布了中汽协对中国智能网联汽车的定义、分级和技术架构。

中国汽车工业协会对智能网联汽车的定义为:搭载先进的车载传感器、控制器、执行器等装置,并融合现代通信与网络技术,实现车与X(人、车、路、后台等)智能信息交换共享,具备复杂的环境感知、智能决策、协同控制和执行等功能,可实现安全、舒适、节能、高效行驶,并最终可替代人来操作的新一代汽车,称之为智能网联汽车(Intelligent and Connected Vehicle,ICV)。智能网联汽车产业包括车联网、自动驾驶以及出行服务等内容,是整个汽车产业转型的重要方向。全球多国纷纷出台相关产业政策,支持智能网联汽车产业的发展,我国多个城市也建立智能网联汽车示范区,积极推动智能网联汽车产业的发展。

根据GB/T 36415—2018《汽车行业信息化 实施规范》的定义,汽车智能网联技术是指通过搭载先进的车载传感器、控制器、执行器等装置,并融合现代通信与网络技术,实现车与人、车、路、后台等智能信息交互共享,具备复杂的环境感知、智能决策、协同控制和执行等功能,可实现安全、舒适、节能、高效行驶,并最终可替代人来操作的一种技术。

2. 智能网联汽车定义内涵

智能网联原本指的是汽车技术发展的两个技术路线,即智能汽车和车联网。智能汽车是指通过搭载先进的电控系统,依靠自车所搭载的各类传感器对车辆周围环境进行感知,采用AI、信息通信、大数据、云计算等新技术,具备半自动或全自动驾驶功能,从简单交通运输工具向智能移动载体变化的新型汽车。从智能技术上来看汽车分为自主式智能汽车和网联式智能汽车。

自主式智能汽车(Autonomous Vehicle)是指依靠自车所搭载的各类传感器对车辆周围

环境进行感知，依靠车载控制器进行决策和控制并交由底层执行，实现自动驾驶的智能汽车，如图1-1-1所示。

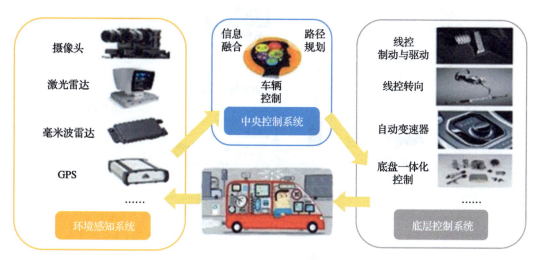

图1-1-1　自主式智能汽车

网联式智能汽车（Connected Vehicle）是指车辆通过V2X通信的方式获取外界的环境信息并帮助车辆进行决策与控制的智能汽车，如图1-1-2所示。

图1-1-2　网联式智能汽车

车联网属于物联网的一种，是以车内网、车际网和车云网为基础，借助全新的信息和通信技术，按照约定的通信协议和数据交换标准实现车与X（人、车、路、云等系统）之间进行无线通信和信息交换的大系统网络，是能够实现智能交通管理、智能动态信息服务和车辆智能化控制的一体化网络，如图1-1-3所示。

由于车联网能提高车辆的智能化和自动化水平，打造全新的交通服务模式，提升交通效率，改善驾乘体验，为使用者提供更安全、更便捷的综合服务，可以看出二者相辅相成，不可分割，因此将车联网和智能汽车的集合体称为智能网联汽车，如图1-1-4所示。

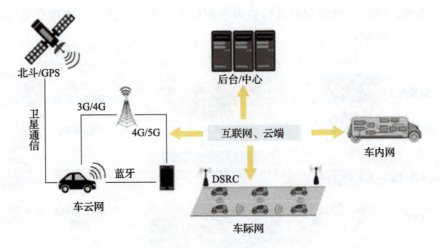

图 1-1-3 车联网

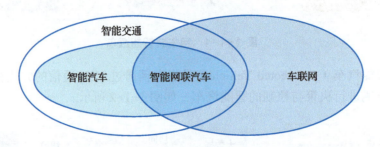

图 1-1-4 车联网与智能汽车

二、智能网联汽车技术等级划分

智能网联汽车的终极目标是实现无人自动驾驶,按照技术发展程度,世界范围内对自动驾驶等级的判定有两套标准,公认的自动驾驶分级标准由国际自动机工程师学会(SAE)制定。按照 SAE 的分级,自动驾驶技术分为 L0~L5 共六个等级。L0 代表没有自动驾驶介入的传统人类驾驶,而 L1~L5 则随自动驾驶的技术配置进行了分级,具体分级见表 1-1-1。

表 1-1-1 智能网联汽车技术等级划分

SAE 等级	名称	概念界定	动态驾驶任务(DDT)			动态驾驶任务支援(DDT Fallback)	设计的适用范围(ODD)	NHTSA 等级
			持续的纵向或横向的车辆运动控制	物体和事件的探测响应(OEDR)				
驾驶人执行部分或全部的动态驾驶任务								
0	无自动驾驶(No Driving Automation)	即便有主动安全系统的辅助,仍由驾驶人执行全部的动态驾驶任务	驾驶人	驾驶人		驾驶人	不可用	0

(续)

SAE等级	名称	概念界定	动态驾驶任务（DDT）		动态驾驶任务支援（DDT Fallback）	设计的适用范围（ODD）	NHTSA等级
			持续的纵向或横向的车辆运动控制	物体和事件的探测响应（OEDR）			
1	驾驶辅助（Driver Assistance, DA）	在适用的设计范围下，自动驾驶系统可持续执行横向或纵向的车辆运动控制的某一子任务（不可同时执行），由驾驶人执行其他的动态驾驶任务	驾驶人和系统	驾驶人	驾驶人	有限	1
2	部分自动驾驶（Partial Driving Automation, PA）	在适用的设计范围下，自动驾驶系统可持续执行横向或纵向的车辆运动控制任务，驾驶人负责执行OEDR任务并监督自动驾驶系统	系统	驾驶人	驾驶人	有限	2
自动驾驶系统执行全部的动态驾驶任务（使用状态中）							
3	有条件的自动驾驶（Conditional Driving Automation, CA）	在适用的设计范围下，自动驾驶系统可以持续执行完整的动态驾驶任务，用户需要在系统失效时接受系统的干预请求，及时做出响应	系统	系统	备用用户（能在自动驾驶系统失效时接受请求，取得驾驶权）	有限	3
4	高度自动驾驶（High Driving Automation, HA）	在适用的设计范围下，自动驾驶系统可以自动执行完整的动态驾驶任务和动态驾驶任务支援，用户无须对系统请求做出回应	系统	系统	系统	有限	4
5	完全自动驾驶（Full Driving Automation, FA）	自动驾驶系统能在所有道路环境执行完整的动态驾驶任务和动态驾驶任务支援，驾驶员无须介入	系统	系统	系统	无限制	4

其中，动态驾驶任务（Dynamic Driving Task，DDT）指在道路上驾驶车辆需要进行的实时操作和决策行为，操作包括转向、加速和减速，决策包括路径规划等。物体和事件的探测响应（Object and Event Detection and Response，OEDR）指驾驶人或自动驾驶系统对突发情况的探测和应对，在自动驾驶模式下，系统负责OEDR，应对可能影响安全操作的其他事件，进行检测响应。动态驾驶任务支援（DDT Fallback）指自动驾驶发生系统失效或者出现超出系统设计的使用范围的情况，驾驶人或自动驾驶系统需做出最小化风险的解决响应。设计的适用范围（Operational Design Domain，ODD）指将已知的天气环境、道路情况、车速、车流量等信息做出测定，给定自动驾驶系统具体的条件，以确保系统能力在安全适用的环境之内。

网联化分级尚未规划一致。2019年3月，欧盟道路交通研究咨询委员会（European Road Transport Research Advisory Council，ERTRAC）更新发布网联式自动驾驶技术路线图（Connected Automated Driving Roadmap），相较此前版本新增了网联式自动驾驶的内容，并明确提出基于数字化基础设施支撑的网联式自动驾驶，强调协同互联，将基础设施的网联技术与车辆的智能等级相结合，具体见表1-1-2。

表1-1-2 ERTRAC网联化分级

	等级	名称	描述	数字化地图和静态道路标识信息	VMS、预警、事故、天气信息	交通状况信息	引导行驶速度、车辆间距、车道选择
数字化基础设施	A	协同驾驶	基于车辆行驶实时信息的获取，基础设施能够引导自动驾驶单个车辆或列队车辆行驶以优化整体交通流量	√	√	√	√
	B	协同感知	基础设施能够获取交通状况信息并及时向自动驾驶车辆传输	√	√	√	
	C	动态信息数字化	所有静态和动态基础设施信息均以数字化形式提供给自动驾驶车辆	√	√		
传统基础设施	D	静态信息数字化/地图支持	可提供数字化地图数据和静态道路标志信息。地图数据可以通过物理参考点（如地标）来补充。交通灯、临时道路施工和可变信息标识（VMS）仍需由自动驾驶车辆识别	√			
	E	传统基础设施/不支持自动驾驶	传统基础设施不能提供数字化信息，需要自动驾驶车辆本身来识别道路几何形状和交通标志				

2016年，中国汽车工程学会发布了《节能与新能源汽车技术路线图》，在智能网联汽车技术路线图中描述了智能化和网联化分级方式，在网联化层面提出了网联辅助信息交互、网联协同感知、网联协同决策与控制三个等级，其中，网联协同感知和网联协同决策与控制描述了实时可靠获取周边交通环境信息，并形成车－车、车－路以及更多的交通参与者之间的协同感知、协同决策与控制，体现了车与路之间的协同、智能控制技术理念，具体见表1-1-3。

表1-1-3 网联化分级

网联化等级	等级定义	控制	典型信息	传输需求
网联辅助信息交互	基于车－路、车－后台通信，实现导航等辅助信息的获取以及车辆行驶与驾驶人操作等数据的上传	人	地图、交通流量、交通标志、油耗、里程等信息	传输实时性、可靠性要求较低
网联协同感知	基于车－车、车－路、车－人、车－后台通信，实时获取车辆周边交通环境信息，与车载传感器的感知信息融合，作为自主决策与控制系统的输入	人与系统	周边车辆/行人/非机动车位置、信号灯相位、道路预警等信息	传输实时性、可靠性要求较高

(续)

网联化等级	等级定义	控制	典型信息	传输需求
网联协同决策与控制	基于车–车、车–路、车–人、车–后台通信，实时并可靠获取车辆周边交通环境信息及车辆决策信息，车–车、车–路等各交通参与者之间信息进行交互融合，形成车–车、车–路等各交通参与者之间的协同决策与控制	人与系统	车–车、车–路间的协同控制信息	传输实时性、可靠性要求高

三、智能网联汽车系统组成与功用

自动驾驶系统可实现在特定区域内对车辆操作的完全接管，系统需要实现：对周围障碍物的感知、车辆定位以及路径规划，实现这些功能需要构建感知层、决策层、执行层这三个层面的技术架构，这三个技术层级分别代表着自动驾驶系统的眼和耳、大脑以及手脚，如图 1-1-5 所示。

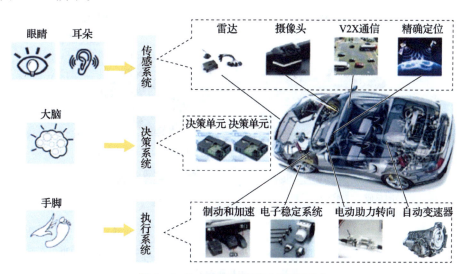

图 1-1-5　智能网联汽车系统组成

环境感知层的主要功能是通过车载环境感知技术、卫星定位技术、4G/5G 及 V2X 无线通信技术等，实现对车辆自身属性和车辆外在属性（如道路、车辆和行人等）等静、动态信息的提取和收集，并向智能决策层输送信息。

智能决策层的主要功能是接收环境感知层的信息并进行融合，对道路、车辆、行人、交通标志和交通信号等进行识别，决策分析和判断车辆驾驶模式和将要执行的操作，并向控制执行层输送指令。

控制执行层的主要功能是根据智能决策层的指令对车辆进行操作和协调。

任务实施与评价

一、智能网联汽车开发套件认知

智能网联汽车包括底盘和车体部分（图 1-1-6），其中底盘包含前后桥总成、转向总成、驱动电机、电池组、制动模组和整车控制器等部件。除此之外，车辆底盘上还安装有防撞条和急停等安全部件。底盘结构如图 1-1-7 所示。

图 1-1-6 整车右后视图

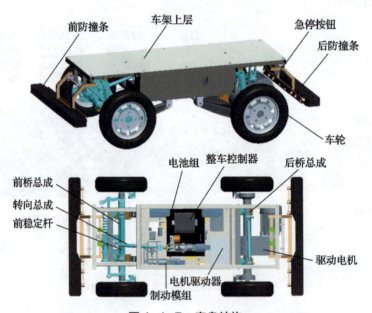

图 1-1-7 底盘结构

上装车体用来安装自动驾驶传感器组件和计算单元，包括 GPS 天线固定支架、激光雷达和摄像头支架等，其结构如图 1-1-8 所示。

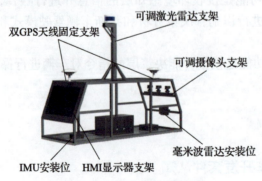

图 1-1-8 上装车体结构

二、智能网联汽车开发套件安装

1. 上装供电电源线束连接

上装供电部分集成在一条供电线束中,通过该线束给自动驾驶各部件供电,线束各插头如图 1-1-9 所示,熔丝盒取消了负极接线,负极回路集成在线束内部。

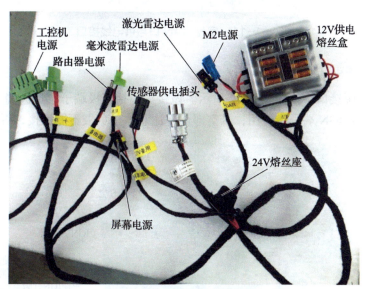

图 1-1-9　电源线束

供电线束的供电插头通过 4 针航插连接至底盘的上装供电插座,该插座布局在底盘后部电气面板上,如图 1-1-10 所示。

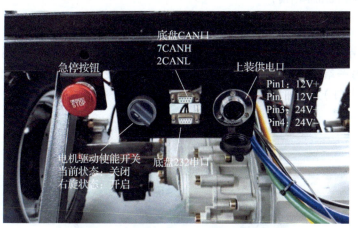

图 1-1-10　上装供电插座针脚定义

上装供电插座针脚定义:Pin1 为 12V+,Pin2 为 12V-,Pin3 为 24V+,Pin4 为 24V-。

底盘后部电气面板上还设置有急停按钮、电源开关和 CAN 通信接口。如图 1-1-11 所示,底盘 CAN 口通过 db9 延长线与工控机相连。

▶ **提示**:请在检查供电线束与传感器连接插头极性之后,再连接供电线束与底盘供电口的航插。

图 1-1-11 底盘 CAN 口与供电线接口

2. 上装部件线束连接

1）工控机电源接口，如图 1-1-12 所示。该接口包括正极端子、负极端子、和点火控制（IGN）端子，其中 IGN 端子未使用，悬空即可。注意：正负极不能反接，否则会烧坏机器。

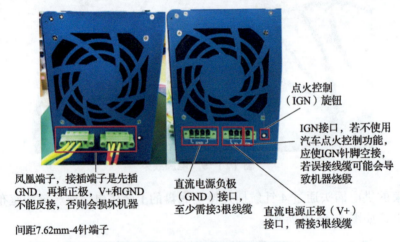

图 1-1-12 工控机电源接口

2）组合惯导线束连接。组合惯导自带数据线缆为 1 分 5 线缆，一端为与工控机相连的航插接头，另一端为电源输入口、网口、激光雷达授时口、USB 输出口、db9 输出口（组合惯导配置串口），详细如图 1-1-13 所示。

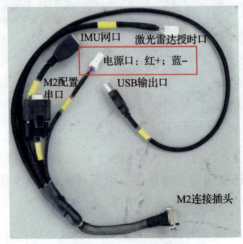

图 1-1-13 M2 线缆

如图 1-1-14 所示，组合惯导的线缆电源输入口为白色 2 针插头，红色为 12V 正极，蓝色为 12V 负极；上装线束组合惯导供电插头为蓝色 2 针插头，红色为 12V 正极，黑色为 12V 负极，对插后红色对红色，黑色对蓝色。连接插头时请确认线色或用万用表检查线束端供电插头电源极性。

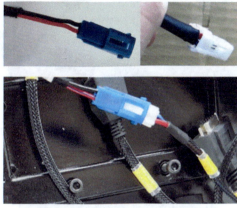

图 1-1-14　M2 电源输入接口

3）毫米波雷达线束连接。毫米波雷达线束一端为毫米波雷达连接插头，另一端为电源插头 2 针凤凰端子和 CAN 口，如图 1-1-15 所示。

图 1-1-15　毫米波雷达线束

▶ **注意**：毫米波雷达线束电源插头为红色 +，蓝色 -；线束供电端为红色 +，黑色 -；在插接时，应保证红对红，黑对蓝。

4）激光雷达线束连接。激光雷达线束及接口如图 1-1-16 和图 1-1-17 所示，线束包括数据输出网口、授时口和电源口。激光雷达电源线和屏幕电源线在上装供电线束上的电源对插接头型号相同，可互换使用。

图 1-1-16　激光雷达线束连接

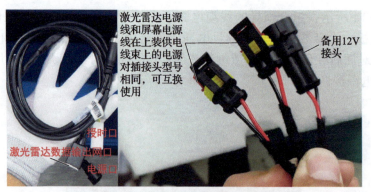

图 1-1-17　激光雷达线束及接口

5）屏幕线束连接。车载屏幕供电线为单独一段线束：一端为 DJ7021-1.5-11 插件（公头），连接供电线束端 DJ7021-1.5-21（母头）；另一端为 DC5.5mm 插头。接口如图 1-1-18 所示。

图 1-1-18　车载屏幕供电线

6）路由器供电。路由器线束供电插头为 DC5.5 直流插头，如图 1-1-9 所示。

3. 传感器安装

1）工控机安装如图 1-1-19 所示。

图 1-1-19　固定工控机

2）组合惯导及线束熔丝盒固定如图 1-1-20 所示。

图 1-1-20 固定组合惯导及线束熔丝盒

3）激光雷达固定如图 1-1-21 所示。

a）激光雷达安装位置

b）固定激光雷达支架

c）激光雷达固定

d）激光雷达线束连接

图 1-1-21 激光雷达固定

4）摄像头固定。摄像头安装位置如图 1-1-22 所示。
固定摄像头，如图 1-1-23 所示。

图 1-1-22　摄像头安装位置

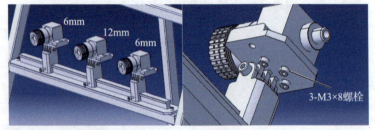

图 1-1-23　固定摄像头

摄像头接口及线束，如图 1-1-24 所示。

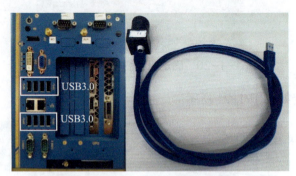

图 1-1-24　摄像头接口及线束

5）毫米波雷达固定，如图 1-1-25 所示。

a）毫米波雷达

b）毫米波雷达安装位置

图 1-1-25　固定毫米波雷达

知识与能力拓展

英伟达自动驾驶平台

NVIDIA DRIVE Hyperion 是一款用于设计自动驾驶汽车的端到端开发平台和参考架构。此参考架构通过将基于 NVIDIA Orin 系统级芯片的 AI 计算与完整的传感器套件相集成，加速开发、测试和验证。DRIVE Hyperion 具有适用于自动驾驶（DRIVE AV）的完整软件堆栈，以及驾驶员监控和可视化（DRIVE IX），能够无线更新，支持在车辆的整个生命周期中应用新的特性和功能。

NVIDIA DRIVE Hyperion 是用于量产自动驾驶汽车的平台。此自动驾驶参考架构通过将基于 DRIVE Orin 的 AI 计算与完整传感器套件（包含 12 个外部摄像头、3 个内部摄像头、9 个雷达、12 个超声波传感器、1 个前置激光雷达和 1 个用于真值数据收集的传感器套件）相集成，能够在量产之路上加速开发、测试和验证。传感器套件的融合感知范围如图 1-1-26 所示，各传感器的信息见表 1-1-4。

表 1-1-4　NVIDIA DRIVE Hyperion 传感器套件

传感器数量和类型	功能	详细信息
8 个外部摄像头	广域和远距视野	索尼 IMX728，8.3Mpx
4 个外部摄像头	鱼眼近距视野	索尼 IMX623，3.0Mpx
6 个雷达	角落和侧面感知	Hella 短程雷达
3 个雷达	前面和后面感知	Continental 1x Imaging 和 2x 远程雷达
1 个激光雷达	前面冗余感知	Luminar
3 个内部摄像头	驾驶人监控系统	1 个 OVT – OV2311、2Mpx
	乘客监控系统	2 个 OVT – OX05B1S、5Mpx
2 个 IMUS	车辆动态检测	Continental
1 个 GPS	车辆位置检测	U-blox
1 个开发激光雷达	真值数据采集	Hesai
1 个开发 GNSS	真值数据采集	Novatel

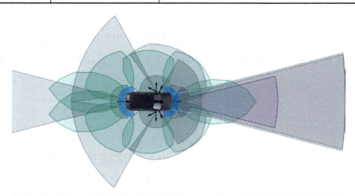

图 1-1-26　NVIDIA DRIVE Hyperion 传感器套件检测范围

强化练习

1. 自动驾驶共分为（　　　）个等级。
　　A. 3　　　　　　B. 4　　　　　　C. 5　　　　　　D. 6
2. 激光雷达属于智能网联汽车哪个系统层面的部件？（　　　）
　　A. 感知　　　　　　　　　　　　B. 决策
　　C. 执行　　　　　　　　　　　　D. 都不是

3. 线控底盘属于智能网联汽车哪个系统层面的部件？（　　）
   A. 感知　　　　B. 决策　　　　C. 执行　　　　D. 都不是
4. 判断题：目前，市面上主流在售车型的自动驾驶功能已经普遍达到L3级。（　　）
5. 简单地说，智能网联汽车由（　　）、（　　）和（　　）三部分组成。
6. 简述智能网联汽车的定义。
7. 简述智能网联汽车传感器感知层的功能。

任务二　智能网联汽车安全操作

学习目标

知识目标

1）掌握智能网联汽车的安全防护机制。
2）掌握智能网联汽车安全操作和紧急应对方法。

能力目标

能安全操控智能网联汽车并在紧急情况下使车辆安全停下。

素养目标

1）在智能网联汽车安全操作规范讲解中，培养学生的生产安全意识。
2）在智能网联汽车安全操作规范讲解中，培养学生爱岗敬业、守法遵规的价值观。

任务描述

智能网联汽车无论是在封闭场地和道路上进行测试还是在商业运营中都需要安全员进行监管，在必要时，需要安全员接管车辆的驾驶权，避免车辆出现危险隐患。在此部分，我们将对智能网联汽车的安全机制和安全操作流程进行学习。在此基础上，我们将通过实车完成车辆安全操作使用。通过本任务的学习，你将具备智能网联车辆安全操作的能力，为后续任务学习打下基础。

任务准备

一、智能网联汽车开发套件安全防护机制

1. 限速保护

无论自动驾驶模式还是遥控驾驶模式，车辆控制器都会将车速限制在一个比较安全的

范围。智能网联汽车开发套件的最高速度被限制为前进 20km/h，后退 10km/h，以防止发生严重的碰撞事故（为了实验安全，遥控或线控超出该速度范围会直接触发急停予以警告）。正常测试时建议车速在 5~10km/h。注意：为安全起见，遥控驾驶车辆时建议最好将车速控制在 10km/h 左右，并时刻注意危险情况，随时做好接管准备，正常测试建议遥控器专人负责。

2. 遥控接管

当车辆处于自动驾驶模式时，如果出现偏离航向、车速过快或者有碰撞风险时，可以直接使用遥控器接管车辆的控制，遥控器发出的控制指令的优先级永远高于自动驾驶系统给出的控制指令，详细操作见任务实施与评价部分。

3. 急停开关

当车辆在自动驾驶模式中有碰撞风险且无法使用遥控器时，随车人员可以根据实际情况选择拍下急停开关来实现全车制动，有效规避风险。提示：急停开关被拍下后，车轮将会抱死，遥控器的指令也无法对车辆进行操控，必须要在旋开急停开关以后，才能继续进行操作。

4. 碰撞保护

车辆前后分别有一条防撞条，能够感应防撞条与车体间的压力，从而判断是否发生了碰撞。当发生轻微碰撞时，碰撞保护触点开关感受到压力就会立即解除动力，并会触发制动，待车停稳后自动复位，以防止进一步伤害。此外，防撞条本身也能有效隔离，一定程度上保护车辆和被撞物体。

二、智能网联汽车（乘用车）安全防护机制

1. 接管机制

在汽车自动驾驶期间，通过人工操控加速踏板、制动踏板和方向盘均可以实现人工接管车辆，即人工干预下退出线控模式，同时切换到手动驾驶模式。

2. 功能安全

（1）高速转向安全性　高速行驶时非预期的转向指令不应致使车辆发生危及驾驶安全的行为。高速行驶时，自动驾驶控制器根据车速限制方向盘转角的幅值和速度，智能驾驶系统应该在该限制下设置转向角指令，否则可能造成非预期的响应失效。智能驾驶系统也应该实施对等的软件限制策略以提高系统安全性。不允许在车辆高速行驶时进行大角度的转向控制，自动驾驶控制器软件设置该角度不超过自动驾驶控制器预设值与最大转向角度限制值中的较小值。不允许在车辆高速行驶时进行过快的转向控制，自动驾驶控制器软件设置该角速度不超过自动驾驶控制器预设值与最大角速度限制值中的较小值。

（2）失效安全　智能驾驶系统失效包括通信丢失、通信异常，自动驾驶控制器检测该类失效并进入故障模式，退出线控模式。

1）通信丢失：在自动驾驶控制器进入线控模式之后，若自动驾驶控制器超过 400ms

未收到智能驾驶系统发送的 CAN 报文，则自动驾驶控制器认为智能驾驶系统通信丢失，从而进入故障模式，退出线控。

2）通信异常：在自动驾驶控制器进入线控模式之后，若自动驾驶控制器检测到智能驾驶系统发出的 CAN 报文存在位错误、周期错误、滚动计数器错误或者校验错误，则自动驾驶控制器认为智能驾驶系统通信异常，从而进入故障模式，退出线控。

（3）制动优先　非预期的动力系统故障不会导致车辆无限度加速。在任何情况下，自动驾驶控制器会优先保证制动系统的功能实现。即在线控模式下，不论何种原因，若自动驾驶控制器同时收到踩下加速踏板和制动指令时，则将加速踏板位置置为 0。

任务实施与评价

一、智能网联车辆开发套件安全操作

1. 上电与断电

在上电、断电之前，先确保车辆停放在安全位置，并确保急停开关处于按下状态。

（1）上电

1）将电池开关置于开启位置就可以给车辆通电，此时车辆可以执行除前进／后退之外的所有功能。

2）将底盘后面的开关旋至图 1-2-1 所示位置，就可以为驱动电机上电。此时车辆完全供电。需要注意的是，开启驱动电机使能开关时，车辆需要处于空挡状态。在遥控模式下关闭电锁键后再开启，是一种常用的将车辆置于空挡的方法。

图 1-2-1　底盘电源开关上电位置

（2）断电　将底盘后面的开关左旋至图 1-2-2 所示位置，并将电池开关置于关闭位置，即可完成全车断电。

2. 遥控使用

（1）遥控器介绍　此遥控器采用 8 节 5 号电池进行供电，图 1-2-3 所示为遥控器开关和拨杆图。该遥控器具有以下控制单元。

图 1-2-2　底盘电源开关下电位置

a）遥控器正面　　　　　　　　b）遥控器前面

图 1-2-3　遥控器

- 电源控制开关（Power）。
- 左右控制摇杆：左右转向。
- 前后控制摇杆：加速/制动。
- 电锁开关：接管/放权。
- 急停开关。
- 换前进挡开关：默认前进挡，H键拨起不放为倒挡，缓缓将前后控制摇杆向前推加速，向后拉前后控制摇杆制动。
- 调试开关：正常使用默认位于最下位置，拨起会使遥控器进入调试模式，影响车辆的正常使用。

出于安全考虑，在开启遥控器电源前请确保所有开关均处于关闭状态；进行电池更换操作前请关闭遥控器电源开关，以免出现危险情况；操作加速/制动摇杆时，请注意当前挡位，以免造成危险；遥控器电池长期不用建议取出，更换电池对接插针时请仔细识别正负。除使用8节5号电池外，也可自行适配12V的可充电电池；遥控器电量不足时，表现为遥控器上屏幕时暗时亮，在这种情况下，遥控会出现迟滞、不响应等情况，请及时更换电池。

（2）开启和关闭

1)开启遥控器电源,将开关按钮前推至图 1-2-4 所示位置。

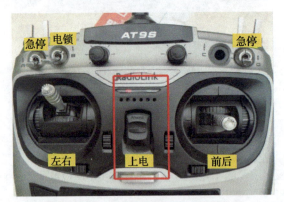

图 1-2-4　遥控器电源开关开启位置

2)开启电锁开关(接管),将挡杆下拨至图 1-2-5 所示位置。

图 1-2-5　遥控器开启电锁开关位置

3)关闭电锁开关(放权),将挡杆上拨至图 1-2-6 所示位置。

图 1-2-6　遥控器关闭电锁开关位置

4）关闭遥控器电源，将开关按钮推至图 1-2-7 所示位置。

图 1-2-7　遥控器关闭电源位置

➤ **提示**：一般底盘具有检测遥控器信号是否失联的自动保护功能。当底盘发现遥控器在没有关闭电锁的情况下失去信号，底盘会自动制动；如果关闭遥控器电源先于关闭电锁，会让底盘误以为是遥控器信号失联，也会触发自动制动保护。

➤ **警告**：为了延长油压制动盘的寿命，长期停车时候避免处于制动状态。

（3）电锁　电锁为遥控器的第二级开关，只有当电锁开关打开时，底盘才能够接受遥控器的控制，同理，如果车辆运行在自动驾驶模式下，想要使用遥控器接管车辆控制权必须首先打开电锁开关，否则无法接管成功。

（4）急停　车辆急停由两个串联的急停开关控制，在电锁开关打开的状态下，开启这两个急停开关中的任意一个都将触发急停。

➤ **提示**：当触发急停时，底盘前进后退控制无效。只有当两个急停开关同时处于关闭状态时，制动才会释放，操作人员才可以控制车辆。

（5）转向及行进　车辆的转向及行进由位于控制器中部的两个摇杆控制，在电锁开关打开的状态下，左侧摇杆控制车辆转向，右侧摇杆控制车辆前进和后退。

➤ **提示**：摇杆带有自动回位功能，松开方向摇杆，底盘方向会自动回正；松开前进后退摇杆，底盘会停止运动。

➤ **警告**：出于安全考虑，在人工接管驾驶时，不要来回拨动摇杆，避免突然制动、突然转向等可能导致危险的情况出现。

（6）遥控器安全机制　在进入自动驾驶模式前，请务必提前熟悉遥控器的各项操作，尤其是关于急停功能的使用，请在每次进入自动驾驶模式前进行遥控操作确认。出于安全考虑，工控机与底层协议层定义了遥控器的绝对优先权，即平台移动的任何状态下（请在每次运行前确保遥控器电量充足），只要遥控器上电且电锁推起，平台即进入人工接管模式，为安全测试保驾护航。

（7）遥控器安全操作提示

1）开启遥控器电源前，确保所有按钮都是朝下状态（关闭状态），待遥控器启动后，旋开车辆急停按钮后,再打开电锁开关接管。

2)进入遥控器模式后,需要试车,即依次对各功能键进行检查,确认无误后方可采用遥控器控制车辆。

3)遥控器操控车辆起步时,请勿一次性将遥控器摇杆推到极限,以免发生危险,应慢慢推动遥控器摇杆,车辆缓缓启动后根据情况适当调节摇杆,并时刻注意周围环境,危险情况下及时遥控器急停接管或者按下车辆的急停按钮。遥控器左右控制摇杆及加速制动摇杆需谨慎操作,避免转向、加速或制动过急。

4)遥控器电量不足时,会表现为遥控器上屏幕时暗时亮,在这种情况下,遥控会出现迟滞、不响应等情况,请及时更换电池。

5)操作时如感觉遥控器异常,立即停车,如遇紧急情况时,立即使用急停开关按钮停车。

6)临时停车状态下要养成打开急停开关的好习惯(A/D),长时间停车要按下车辆的急停按钮。

7)出于安全考虑,任何人在进行遥控器的操作前都应该仔细阅读相关说明和注意事项,不要将遥控器交给不熟悉相关操作的人员使用,以免发生危险。

8)在车辆退出遥控控制模式前,需确保车辆在完全停止状态下再退出。

9)由于该开发套件没有防抱死制动系统,如果标定时出现车轮抱死现象,会导致标定采集数据无效,操作时一定要注意遥控器的操控,标定取值时也要注意 X、Y、Z 值的合理组合。

二、智能网联汽车(乘用车)安全操作

智能网联汽车(乘用车)上应配备具有专业资格的安全驾驶人,以保证车辆测试与运营安全。驾驶人负责监控车辆运行情况,并在必要时接管车辆。安全接管操作逻辑如图 1-2-8 所示。

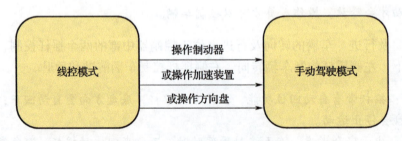

图 1-2-8 驾驶人安全接管操作

1. 正常接管机制

由于自动驾驶控制器是按照车规级可靠性设计的,其失效的情况极少发生。因此,在绝大多数情况下,自动驾驶控制器都能可靠地工作,并提供足够安全的接管机制。

驾驶人发现异常情况需要接管时,只需要操作加速踏板、制动踏板、方向盘中的任何一个或多个部件,即可以实现对车辆控制的正常接管。需要注意的是,如果智能驾驶系统通过通信信号屏蔽了加速踏板和制动踏板的接管功能,则驾驶人操作对应的踏板不会触发从线控模式退出到手动驾驶模式(在开发测试过程中可能需要这样做)。

2. 故障模式下的恢复

在车辆进入故障模式后,驾驶人应尽快接管车辆,并将车辆安全停靠后进行检查。常见的故障包括智能驾驶系统通信丢失、智能驾驶系统指令校验错误。如智能驾驶系统无异常,可以将车辆熄火,等待 5min 后重新启动车辆,检查系统是否恢复正常。

知识与能力拓展

智能网联车辆线控底盘安全操作

本部分的智能网联车辆线控底盘,选取了市场上另外一款主流底盘,并对其安全操作进行讲解。

1. 电气接口说明

底盘外观结构如图 1-2-9 所示,包括型材支架、顶部舱室面板、急停按钮、转向机构等零部件。

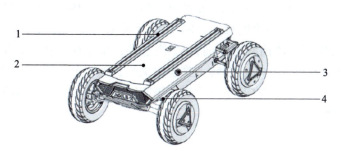

图 1-2-9　底盘外观结构

1—型材支架　2—顶部舱室面板　3—急停按钮　4—转向机构

尾部的扩展接口如图 1-2-10 所示,其中 Q1 为充电接口,Q2 为电源开关,Q3 为电源显示交互,Q4 为 CAN 和 24V 电源扩展接口。

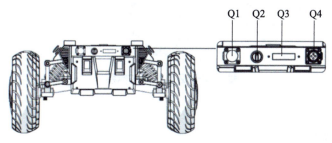

图 1-2-10　尾部电气接口

2. 遥控使用说明

各按键分布如图 1-2-11 所示,其中 SWC、SWD、SWA 暂时未被启用;SWB 为控制模式选择拨杆,拨至最上方为指令控制模式,拨至中间为遥控控制模式;S1 控制车辆前进和后退，S2 控制前轮的转向；POWER 为电源按钮，同时按住即可开机。

图 1-2-11　遥控器功能示意图

3. 控制指令与运动说明

车辆与建立的参考坐标系 X 轴为平行状态，如图 1-2-12 所示。在遥控器控制模式下，遥控器摇杆 S1 往前推动则为往 X 正方向运动，S1 往后推动则往 X 负方向运动，S1 推动至最大值时，往 X 正方向运动速度最大，S1 推动至最小值时，往 X 负方向运动速度最大；遥控器摇杆 S2 左右控制车体前轮的转向，S2 往左推，小车往左转向，推至最大，此时左转向角度最大，S2 往右推，小车往右转，推至最大，此时右转向角度最大。在控制指令模式下，线速度的正值表示往 X 轴正方向运动，线速度的负值表示往 X 轴负方向运动；转向角度为内轮转向角度。

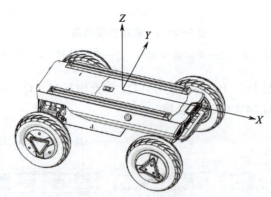

图 1-2-12　车辆坐标系

4. 使用与操作

（1）检查车辆状态
①检查车辆是否有明显异常。
②检查急停按钮状态。确认急停按钮处于释放状态。
初次使用时确保尾部扩展接口中 Q2（旋钮开关）为竖直状态，此时底盘处于断电状态。
（2）启动车辆　把旋钮开关（Q2）旋到水平状态，正常情况下，电压表正常显示电池电压；检查电池电压，正常电压范围为 24.5~26.8V，如有"嘀－嘀－嘀"连续蜂鸣器声音,表示电池电压过低,请及时充电。

(3)遥控车辆　启动遥控器,将SWB置为遥控控制模式,即可通过遥控器控制车辆运动。

(4)关闭车辆　把旋钮开关旋到竖直即可切断电源。

(5)急停　按下车体侧方的急停按钮即可。

强化练习

1. 智能网联汽车一般有几种驾驶模式?
2. 判断题:智能网联汽车开发套件在自动驾驶时全程不需要接管。（　　）
3. 当智能网联汽车开发套件在自动驾驶出现危险情况时,作为安全员的你应如何操作?
4. 当智能网联汽车(乘用车)在自动驾驶出现危险情况时,作为安全员的你应如何操作?

项目二
智能网联汽车操作系统基本使用

任务一　Ubuntu 系统安装与基本使用

学习目标

知识目标

1）掌握 Ubuntu 系统的安装与使用方法。
2）熟悉 Ubuntu 的文件系统和命令终端常用命令的含义。

能力目标

能熟练使用 Ubuntu 系统命令终端的常用命令完成相关操作。

素养目标

通过查阅技术手册，培养学生严谨与一丝不苟的工作态度。

任务描述

智能网联汽车技术的开发、测试与运营一般都是基于 Ubuntu 系统，后面内容的深入学习都将依托 Ubuntu 系统展开。在此部分，我们将对 Ubuntu 系统的组成、常见安装方式进行学习。在此基础上，我们将完成 Ubuntu 系统的安装，并在 Ubuntu 系统练习常用指令。通过本任务的学习，你将具备 Ubuntu 的安装及基本使用能力，为后续任务学习打下基础。

任务准备

一、Ubuntu 系统简介

Linux 内核最初只是由芬兰人林纳斯·托瓦兹（Linus Torvalds）在赫尔辛基大学上学时出于个人爱好而编写的。Linux 是一套免费使用和自由传播的类 Unix 操作系统，是一个基于 Posix 和 Unix 的多用户、多任务、支持多线程和多 CPU 的操作系统。Linux 能运行主要的 Unix 工具软件、应用程序和网络协议，它支持 32 位和 64 位硬件。Linux 继承了 Unix 以网络为核心的设计思想，是一个性能稳定的多用户网络操作系统。

Linux 的发行版就是将 Linux 内核与应用软件做成一个包。目前市面上较知名的发行版有 Ubuntu、RedHat、CentOS、Debian、Fedora、SUSE、openSUSE、Arch Linux、SolusOS 等，如图 2-1-1 所示。

图 2-1-1 Linux 各发行版本

如图 2-1-2 所示，Ubuntu 是一个自由、开源、基于 Debian 的 Linux 发行版，发行周

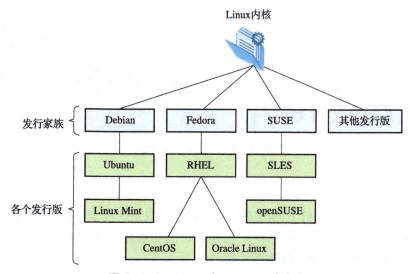

图 2-1-2 Linux 与 Ubuntu 发行版

期为 6 个月,由 Canonical 公司和自由软件社区开发。普通的桌面应用版可以获得 18 个月的支持,标为 LTS("长期支持版")的桌面版本可以获得 3 年、服务器版本可获得 5 年的支持。Ubuntu 是一个以桌面应用为主的 Linux 操作系统,其名称来自非洲南部祖鲁语或豪萨语的"ubuntu"一词,意思是"人性""我的存在是因为大家的存在",是非洲传统的一种价值观。Ubuntu 基于 Debian 发行版和 Gnome 桌面环境,而从 11.04 版起,Ubuntu 发行版放弃了 Gnome 桌面环境,改为 Unity。以前人们认为 Linux 难以安装、难以使用,在 Ubuntu 出现后这些都成为历史。Ubuntu 也拥有庞大的社区力量,用户可以方便地从社区获得帮助。自 Ubuntu 18.04 LTS 起,Ubuntu 发行版又重新开始使用 Gnome3 桌面环境。Ubuntu 继承了 Debian 强大社区和 Linux 系统的优点,同时有较好的图形界面,相对用户会比较多,这是它生存的重要基石。

二、Ubuntu 常用安装方式

1. 虚拟机

简单地说,可以将虚拟机视为一种"由软件组成的计算机",可以使用它来运行在真实物理计算机上运行的任何软件。与物理机一样,虚拟机拥有自己的操作系统(Windows、Linux 等)、存储、网络、配置设置和软件,并且在该主机上运行的其他虚拟机完全隔离。虚拟化将许多小型负载整合到单一物理计算机上,从而提高效率并降低开支。通过部署随带操作系统和应用的新虚拟机,开发与测试人员可以轻松在更改生产环境之前部署概念验证和开发测试环境。

虚拟机的客户端性能稍弱,内存消耗大,优点是可以两个系统同时运行,可以通过网络设置两个系统之间互相访问,或者通过虚拟机软件的设置互相交换文件。虚拟机上只需要安装必要的软件,硬盘空间占用低。VMware 是虚拟机的其中一种,其图标及工作界面如图 2-1-3 所示。

图 2-1-3 虚拟机 VMware

2. 双系统

双系统是指在真实物理机上同时安装两个系统,双系统性能更好,能充分发挥硬件性能,缺点是同一时间只能用一个系统,切换系统需要重启,使用麻烦。图 2-1-4 所示为 Ubuntu 和 Windows 两个系统开机选择界面。

图 2-1-4　Ubuntu 和 Windows 双系统开机界面

3. WSL

Windows Subsystem for Linux（简称 WSL）是一个在 Windows 10\11 上能够运行原生 Linux 二进制可执行文件（ELF 格式）的兼容层。它由微软与 Canonical 公司合作开发，其目标是使纯正的 Ubuntu、Debian 等映像能下载和解压到用户的本地计算机，并且映像内的工具能在此子系统上原生运行。

适用于 Linux 的 Windows 子系统可让开发人员按原样运行 GNU/Linux 环境，包括大多数命令行工具、实用工具和应用程序且不会产生传统虚拟机或双系统设置开销。WSL 2 是适用于 Linux 的 Windows 子系统体系结构的一个新版本，它支持适用于 Linux 的 Windows 子系统在 Windows 上运行 ELF64-Linux 二进制文件。它的主要目标是提高文件系统性能，以及添加完全的系统调用兼容性。这一新的体系结构改变了 Linux 二进制文件与 Windows 和计算机硬件进行交互的方式，但仍然提供与 WSL 1（当前广泛可用的版本）中相同的用户体验。单个 Linux 分发版可以在 WSL 1 或 WSL 2 体系结构中运行。每个发行版可随时升级或降级，并且你可以并行运行 WSL 1 和 WSL 2 分发版。WSL 2 使用全新的体系结构，该体系结构受益于运行真正的 Linux 内核。如图 2-1-5 所示为 Windows 的 Linux 子系统。

图 2-1-5　Windows 的 Linux 子系统

4. 嵌入式（ARM）

NVIDIA 定义 Jetson 为适用于新一代自主机器的嵌入式系统，是适用于一切自主机器（Autonomous Machines）的 AI 平台。Jetson 系统所提供的性能和能效可提高自主机器软件的运行速度，而且功耗更低。Jetson 每个系统都是一个完备的模块化系统（SOM），具备 CPU、GPU、PMIC、DRAM 和闪存，并且具备可扩展性。对于开发者和用户来说，只需选择适合应用场景功能需求的 SOM，即能够以此为基础构建系统。这就是 NVIDIA 提供的 AI 计算平台的解决方案，对于 Jetson 系列而言，从 TX2 开始，这些解决方案全部使用相同的软件堆栈架构和 SDK，可在整个产品组合中实现一个代码基和无缝部署。

NVIDIA JetPack SDK 是用于构建端到端加速 AI 应用程序的最全面的解决方案。JetPack 为硬件加速的边缘 AI 开发提供了完整的开发环境，Jetpack 支持所有 Jetson 模块和开发工具包。JetPack 包括 Jetson Linux 与引导加载程序，Linux 内核，Ubuntu 桌面环境，以及一套完整的库，用于加速 GPU 计算，多媒体，图形和计算机视觉。它还包括用于主机和开发人员工具包的示例、文档和开发人员工具，并支持更高级别的 SDK，例如用于流视频分析的 DeepStream、用于机器人技术的 Isaac 和用于会话 AI 的 Riva。

三、Ubuntu 系统文件简介

Ubuntu 系统没有 windows 系统的驱动器盘符，该系统下的文件夹（目录）如图 2-1-6 所示。Ubuntu 没有盘符这个概念，只有一个根目录 /，所有文件都在它下面，其文件系统架构如图 2-1-7 所示，下面对各个文件夹（目录）所存放的内容进行简单介绍。

- /bin：bin 是 Binaries（二进制文件）的缩写，这个目录存放着最经常使用的命令。
- /boot：这里存放的是启动 Linux 时使用的一些核心文件，包括一些连接文件以及镜像文件。
- /dev：dev 是 Device（设备）的缩写，该目录下存放的是 Linux 的外部设备，在 Linux 中访问设备的方式和访问文件的方式是相同的。
- /etc：etc 是 Etcetera（等等）的缩写，这个目录用来存放所有的系统管理所需要的配置文件和子目录。
- /home：用户的主目录，在 Linux 中，每个用户都有一个自己的目录，一般该目录名是以用户的账号命名的。
- /lib：lib 是 Library（库）的缩写，这个目录里存放着系统最基本的动态连接共享库，其作用类似于 Windows 的 DLL 文件。几乎所有的应用程序都需要用到这些共享库。
- /lost+found：这个目录一般情况下是空的，当系统非法关机后，这里就存放了一些文件。
- /media：Linux 系统会自动识别一些设备，如 U 盘、光驱等，当识别后，Linux 会把识别的设备挂载到这个目录下。
- /mnt：系统提供该目录是为了让用户临时挂载其他文件系统，例如，我们可以将光驱挂载在 /mnt/ 上，然后进入该目录就可以查看光驱里的内容了。

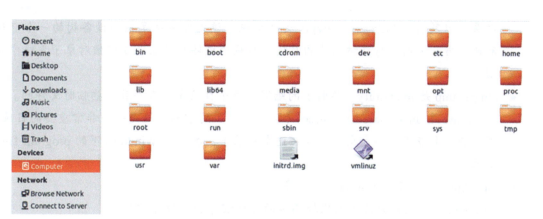

图 2-1-6　Ubuntu 系统文件组成

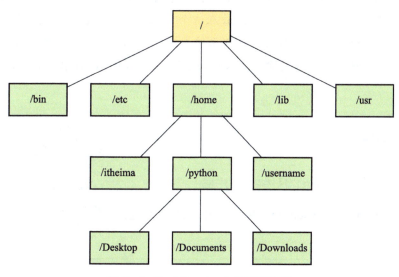

图 2-1-7　Ubuntu 文件系统架构

- /opt：opt 是 optional（可选）的缩写，这是给主机额外安装软件所设置的目录。比如你安装一个 ORACLE 数据库就可以放到这个目录下。默认是空的。
- /proc：proc 是 Processes（进程）的缩写。/proc 是一种伪文件系统（即虚拟文件系统），存储的是当前内核运行状态的一系列特殊文件，这个目录是一个虚拟的目录，它是系统内存的映射，我们可以通过直接访问这个目录来获取系统信息。这个目录的内容不在硬盘上而是在内存里，也可以直接修改里面的某些文件，比如可以通过命令来屏蔽主机的 ping 命令，使别人无法 ping 你的机器。
- /root：该目录为系统管理员，也称作超级权限者的用户主目录。
- /sbin：s 就是 Super User 的意思，是 Superuser Binaries（超级用户的二进制文件）的缩写，这里存放的是系统管理员使用的系统管理程序。
- /srv：该目录存放一些服务启动之后需要提取的数据。
- /sys：该目录下安装了 Linux 内核后新出现的一个文件系统 sysfs。sysfs 文件系统集成了 3 种文件系统的信息：针对进程信息的 proc 文件系统、针对设备的 devfs 文件系统以及针对伪终端的 devpts 文件系统。该文件系统是内核设备树的一个直观反映。当一个内核对象被创建的时候，对应的文件和目录也在内核对象子系统中被创建。

- /tmp：tmp 是 temporary（临时）的缩写，这个目录是用来存放一些临时文件的。
- /usr：usr 是 unix shared resources（共享资源）的缩写，这是一个非常重要的目录，用户的很多应用程序和文件都放在这个目录下，类似于 Windows 下的 program files 目录。
- /usr/bin：系统用户使用的应用程序。
- /usr/sbin：超级用户使用的比较高级的管理程序和系统守护程序。
- /usr/src：内核源代码默认的放置目录。
- /var：var 是 variable（变量）的缩写，这个目录中存放着在不断扩充着的内容，我们习惯将那些经常被修改的目录放在这个目录下，包括各种日志文件。
- /run：是一个临时文件系统，存储系统启动以来的信息。当系统重启时，这个目录下的文件应该被删掉或清除。如果你的系统上有 /var/run 目录，应该让它指向 run。

任务实施与评价

虚拟机安装与虚拟机配置

Ubuntu 安装

一、虚拟机与 Ubuntu 系统安装步骤

1）打开 VMware Workstation，单击创建新的虚拟机，如图 2-1-8 所示。

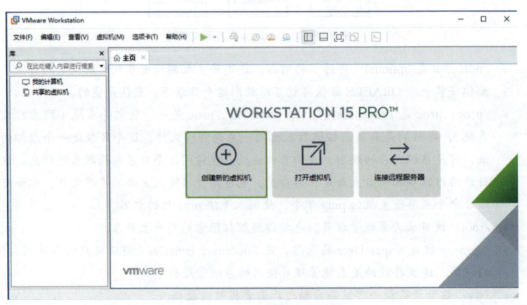

图 2-1-8　创建新的虚拟机

2）这里选择自定义（高级）类型的配置，单击下一步，如图 2-1-9 所示。

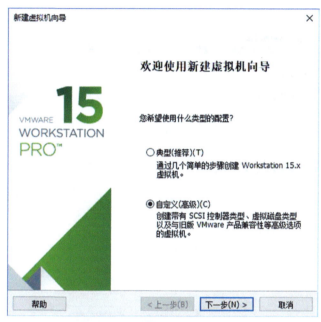

图 2-1-9　虚拟机配置类型选择

3）窗口显示兼容的 VMware 产品及版本的列表，同时也列出了所具有的限制以及不可用的功能，采用默认设置、单击下一步。所有虚拟机都具有硬件版本。硬件版本指明了虚拟机支持的虚拟硬件功能（如 BIOS 或 EFI）、虚拟插槽数量、最大 CPU 数、最大内存配置，以及其他硬件特性。虚拟机硬件兼容性设置决定虚拟机的硬件功能，如图 2-1-10 所示。

图 2-1-10　虚拟机硬件兼容性设置

4）选择"稍后安装操作系统（S）"，如图 2-1-11 所示。

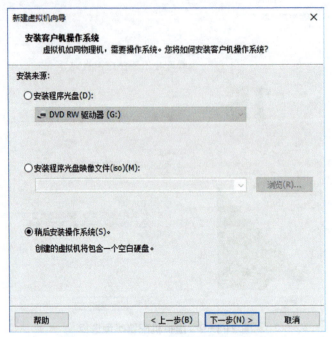

图 2-1-11　稍后安装客户机操作系统

5）根据计算机配置选择要安装的客户机操作系统，本书使用 64 位计算机，版本选择 Ubuntu 64 位，如图 2-1-12 所示。

图 2-1-12　选择 Linux 客户机操作系统

6）命名该虚拟机，选择其所在的目录，如图 2-1-13 所示。

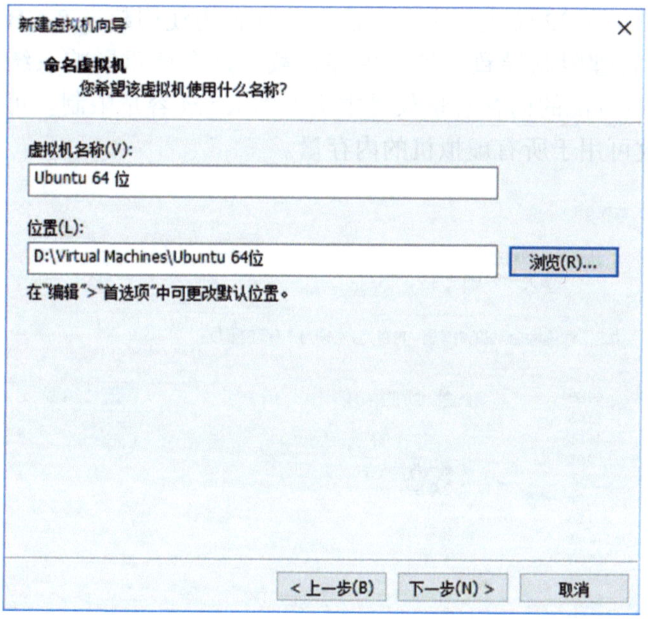

图 2-1-13　命名虚拟机

7）根据计算机配置，修改虚拟机指定处理器数量，如图 2-1-14 所示。处理器数量就是指主机有多少个 CPU，一般为 1，每个处理器的内核数量指 CPU 的内核数。如果不知道自己处理器和内核数量的个数可以从大到小依次选择，如果选择数量超过实际数量会出现报错提示。

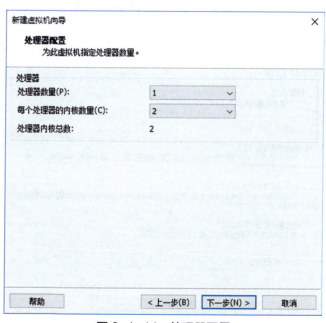

图 2-1-14　处理器配置

8）指定虚拟机内存，最好不超过最大推荐内存，如图 2-1-15 所示。

在 64 位主机中，每个虚拟机的最大内存量为 64 GB。在 32 位主机中，每个虚拟机的最大内存量为 8 GB。在 32 位主机中，无法开启配置为使用超过 8 GB 内存的虚拟机。32 位操作系统的内存管理限制导致虚拟机内存过载，这会严重影响系统性能。为单个主机中运行的所有虚拟机分配的内存总量仅受主机上的 RAM 容量限制。可以修改 Workstation Pro 内存设置以更改可用于所有虚拟机的内存量。

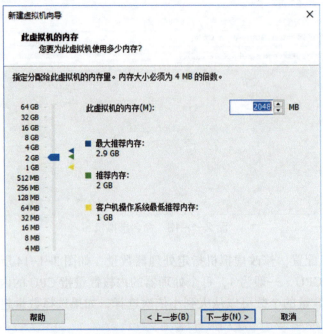

图 2-1-15　虚拟机内存配置

9）选择客户机的网络连接方式，如图 2-1-16 所示。

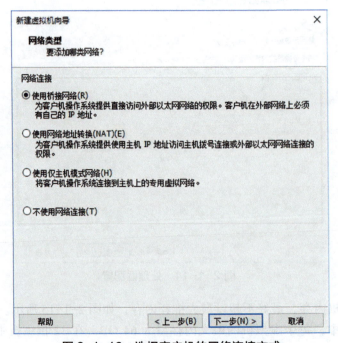

图 2-1-16　选择客户机的网络连接方式

使用桥接模式网络连接时，虚拟机将具有直接访问外部以太网网络的权限。虚拟机必须在外部网络中具有自己的 IP 地址。

使用网络地址转换（NAT）连接时，虚拟机和主机系统将共享一个网络标识，此标识在网络以外不可见。如果没有可用于虚拟机的单独 IP 地址，但又希望能够连接到 Internet，请选择 NAT。

仅主机模式网络连接使用对主机操作系统可见的虚拟网络适配器，在虚拟机和主机系统之间提供网络连接。

不使用网络连接，不为虚拟机配置网络连接。

10）选择 I/O 控制器类型，如图 2-1-17 所示。无论选择何种 SCSI 控制器，都不会影响虚拟磁盘是 IDE、SCSI 还是 SATA 磁盘。

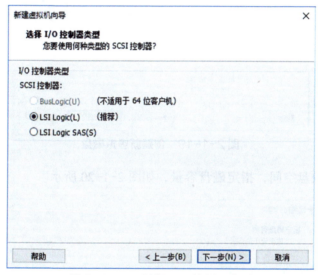

图 2-1-17　选择 I/O 控制器类型

11）选择虚拟磁盘类型，默认即可，如图 2-1-18 所示。

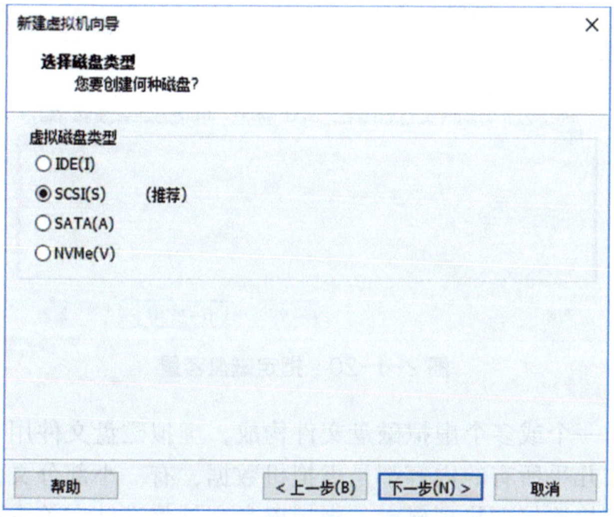

图 2-1-18　选择虚拟磁盘类型

12)第一次新建虚拟机,选择创建新虚拟磁盘,如图2-1-19所示。

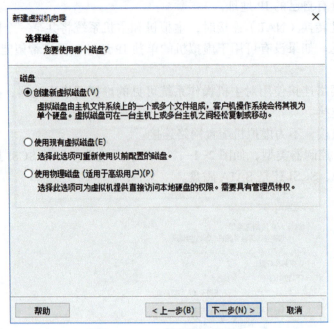

图2-1-19 创建新虚拟磁盘

13)根据自己硬盘空间,指定磁盘容量,如图2-1-20所示。

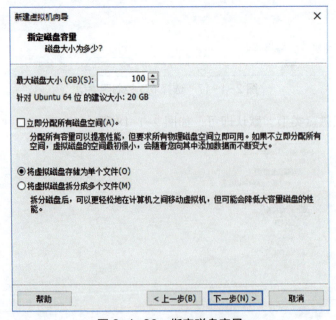

图2-1-20 指定磁盘容量

一个虚拟磁盘由一个或多个虚拟磁盘文件构成,虚拟磁盘文件用于存储虚拟机硬盘驱动器的内容。文件中几乎所有的内容都是虚拟机数据,有一小部分文件会分配用于虚拟机开销。如果虚拟机直接连接到物理磁盘,虚拟磁盘文件将存储有关虚拟机可访问分区的信息。如果指定将所有磁盘空间存储在单个文件中，Workstation Pro 会使用您提供的文件名创建一个 100 GB（根据您设置的磁盘大小而定）的磁盘文件。如果指定将磁盘空间存储在多个文件中，Workstation Pro 会使用您提供的文件名生成后续文件名。

14）指定磁盘文件，默认即可，如图 2-1-21 所示。

图 2-1-21　指定磁盘文件

15）虚拟机创建完成，如图 2-1-22 所示。

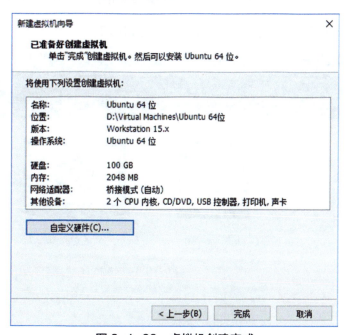

图 2-1-22　虚拟机创建完成

16）单击"自定义硬件"，在硬件栏里单击"CD/DVD（SATA）"，改为使用 ISO 映像文件，文件选择下载好的 Ubuntu-iso 文件目录，为安装 Ubuntu 系统做准备，如图 2-1-23 所示。

> **注意**：Ubuntu 安装完成后，重启前需把连接更换为"使用物理驱动器 - 自动检测"。

图 2-1-23　设置驱动器引导

17）安装 Ubuntu 系统，选择语言，如图 2-1-24 所示。

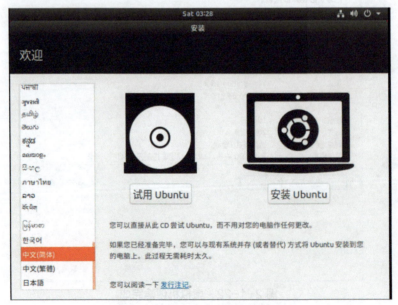

图 2-1-24　选择 Ubuntu 语言

18）选择键盘布局，如图 2-1-25 所示。

图 2-1-25　选择键盘布局

19）选择"正常安装"，勾选"安装 Ubuntu 时下载更新"和"为图形或无线硬件，以及其它媒体格式安装第三方软件"，如图 2-1-26 所示。

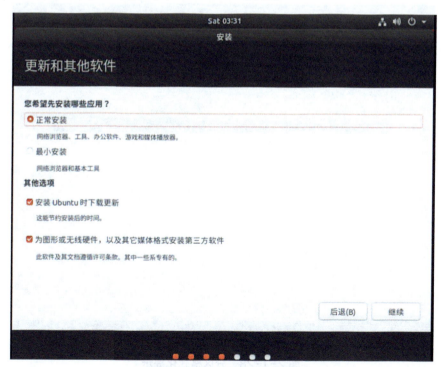

图 2-1-26　选择安装选项

20）选择"清除整个磁盘并安装 Ubuntu"选项，如图 2-1-27 所示。

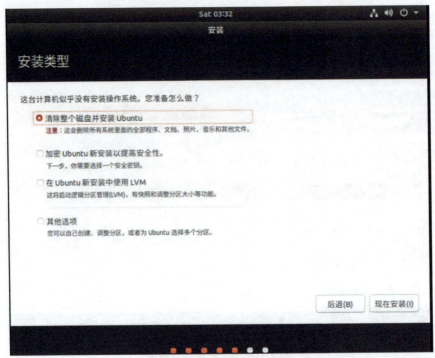

图 2-1-27　选择安装类型

21）分区格式化提示，如图 2-1-28 所示。

图 2-1-28　分区格式化提示

22）选择时区，如图 2-1-29 所示。

图 2-1-29　选择时区

23）设置用户名和密码，如图 2-1-30 所示。

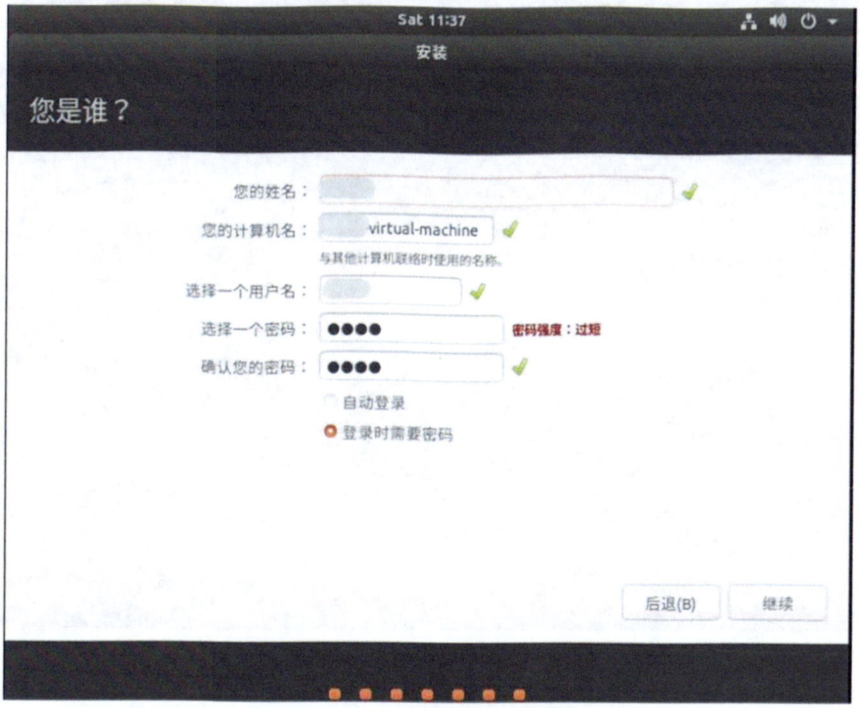

图 2-1-30　设置用户名和密码

24）开始安装，如图 2-1-31 所示。

图 2-1-31　Ubuntu 系统开始自动安装

25）重启，安装完成，开机界面如图 2-1-32 所示。

图 2-1-32　Ubuntu 开机界面

26）安装虚拟机工具。使用 <Ctrl+Alt+T> 键打开终端，输入"sudo apt-get install open-vm-tools-desktop"指令安装工具即可。

▶**注意：** 安装工具需要联网，请确保虚拟机可以联网，可以打开虚拟机的浏览器输入网址进行确认。该指令运行要求输入密码，输入密码时，屏幕没有任何显示，输入完成后单击"Enter"即可。

27）系统设置为中文。

①首先进入设置（Setting），选择区域和语言（Region & Language），如图2-1-33所示。

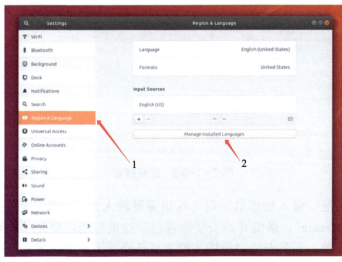

图 2-1-33　选择区域和语言

②打开后界面如图2-1-34所示，选择"Install/Remove Languages..."，可以安装或者删除语言包。

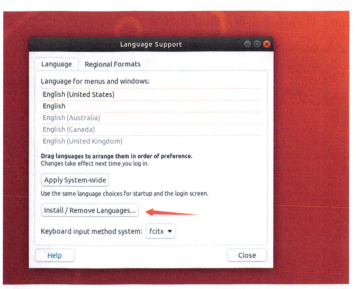

图 2-1-34　安装或者删除语言包

③在弹出的窗口列表中，找到"Chinese（simplified）"，在右端打上勾，然后单击

"Apply",如图2-1-35所示。

图2-1-35　选择语言

系统弹出对话框,输入管理员密码(这里需要输入密码才能进行系统语言的变更),然后单击"Authenticate",系统开始安装语言包。这里可能需要先下载对应的支持文件,所以需要等待几分钟。下载安装完成后,列表里已经有了中文选项——汉语(中国)。用鼠标左键把它拖拽到第一行,然后单击中间的选项"Apple System-Wide"应用到整个系统(需要输入管理员密码),再单击"Authenticate",最后单击"Close"关闭界面。

▶ **注意**：此时"Chinese（simplified）"是灰色的,应将它拖拽到第一行,而不是双击。

④注销（logout）后再登录,更新语言,如图2-1-36所示。

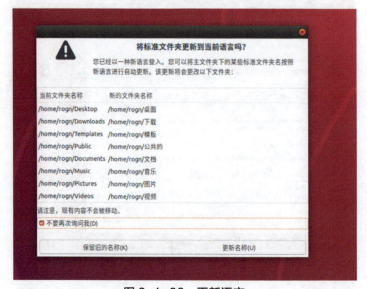

图2-1-36　更新语言

⑤安装拼音输入法,输入如下指令:sudo apt-get install ibus-pinyin。
⑥选择中文,如图 2-1-37 所示。

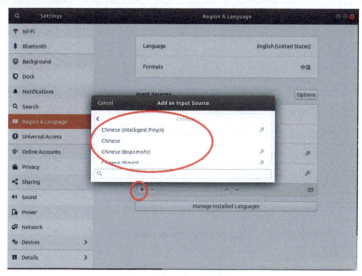

图 2-1-37　选择中文

⑦在下拉菜单中选择对应输入法切换到中文,如图 2-1-38 所示。

图 2-1-38　切换到中文

28)更换软件源。
①打开软件和更新,如图 2-1-39 所示。

图 2-1-39　打开软件和更新

②在"下载自"一栏选择其他站点,如图 2-1-40 所示。

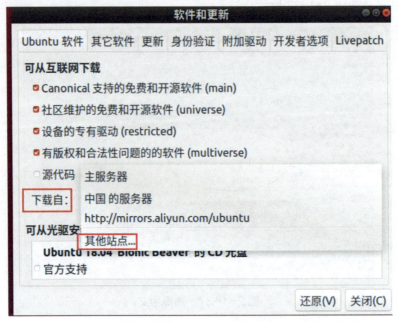

图 2-1-40 站点选择

③选择国内阿里云镜像源,单击"选择服务器"按钮,如图 2-1-41 所示。

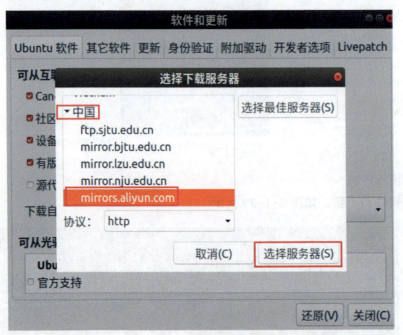

图 2-1-41 选择阿里云镜像源

④选择关闭后单击"重新载入"按钮,等待更新完毕即可,如图 2-1-42 所示。
⑤如果需要更新软件源,可以在终端中输入以下指令:sudo apt-get update。

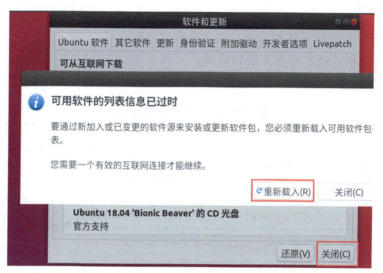

图 2-1-42　重新载入

二、Ubuntu 常用指令使用

Linux 刚问世时没有什么图形界面，所有的操作全靠命令完成。近几年来，尽管 Linux 发展得非常迅速，图形界面越来越友好，但是在真正的开发过程中，Linux 命令行的应用还是占有非常重要的席位，而且许多 Linux 功能在命令行界面要比图形化界面下运行得快。Linux 发行版本的命令大概有 200 多个，这里只列出一些常用的。终端命令调出快捷键为 <Ctrl+Alt+T>，终端界面如图 2-1-43 所示。下面就常用的命令进行讲解。

图 2-1-43　终端界面

1. ls（文件及文件夹查看）

ls 是英文单词 list 的简写，其功能为列出目录的内容，是用户最常用的命令之一，它类似于 DOS 下的 dir 命令。Linux 文件或者目录名称最长可以有 265 个字符，"."代表当前目录，".."代表上一级目录，以"."开头的文件为隐藏文件，需要用 -a 参数才能显示。ls 常用参数及含义见表 2-1-1。

常用示例：
ls -a：查看当前所有文件和目录，包含隐藏文件和目录。
ls -l：以列表形式查看所有文件和目录。
ll：等同于 ls -al，即等同于以上两个命令结合。

表 2-1-1　ls 常用参数及含义

参数	含义
-a	显示指定目录下所有子目录与文件，包括隐藏文件
-l	以列表方式显示文件的详细信息
-h	配合 -l 以人性化的方式显示文件大小，即文件大小可以用 MB 表示

2. clear（清屏）

有时候控制台内容太多，可以用 clear 命令清空控制台，也可使用快捷键 <Ctrl+l>。

3. cd（切换目录）

在使用 Unix/Linux 的时候，经常需要更换工作目录。cd 命令可以帮助用户切换工作目录。Linux 所有的目录和文件名大小写敏感。

cd（change directory）后面可跟绝对路径，也可以跟相对路径。如果省略目录，则默认切换到当前用户的主目录。cd 命令及含义见表 2-1-2。

表 2-1-2　cd 命令及含义

命令	含义
cd	切换到当前用户的主目录（/home/ 用户目录）。用户登录时，默认的目录就是用户的主目录
cd ~	切换到当前用户的主目录（/home/ 用户目录）
cd .	切换到当前目录
cd ..	切换到上级目录
cd -	可进入上次所在的目录
cd /	切换到系统根目录 /

如果路径是从根路径开始的，则路径的前面需要加上"/"，如"/mnt"。通常进入某个目录里的文件夹，前面不用加"/"。

4. pwd（显示当前路径）

pwd 命令可以显示当前的工作目录，该命令很简单，但又很常用，直接输入 pwd 即可，后面不带参数。

5. mkdir（创建目录）

通过 mkdir 命令可以创建一个新的目录。参数 -p 可递归创建目录。需要注意的是，新建目录的名称不能与当前目录中已有的目录或文件同名，并且目录创建者必须对当前目录具有写权限。

6. touch（创建文件）

用户可以通过 touch 来创建一个空的文件，如 touch hello.txt。

- 在当前路径下创建名字为 hello.txt 的空文件。
- Linux 系统中没有严格的后缀（格式），所以创建文件时可以任意命名。

7. rm（删除文件）

通过 rm 删除文件或目录。使用 rm 命令要小心，因为文件删除后不能恢复。为了防止文件误删，可以在 rm 后使用 -i 参数以逐个确认要删除的文件。rm 常用参数及含义见表 2-1-3。

表 2-1-3　rm 常用参数及含义

参数	含义
-f	强制删除，忽略不存在的文件，无须提示
-r	递归删除目录下的内容，删除文件夹时必须加此参数，也可使用 rmdir 删除一个空目录

8. cp（复制文件及目录）

cp（copy）命令的功能是将给出的文件或目录复制到另一个文件或目录中，相当于 DOS 下的 copy 命令。cp 常用选项说明见表 2-1-4。

表 2-1-4　cp 常用选项说明

选项	含义
-a	该选项通常在复制目录时使用，它保留链接、文件属性，并递归地复制目录。简单而言，该命令保持文件原有属性
-r	若给出的源文件是目录文件，则 cp 将递归复制该目录下的所有子目录和文件，目标文件必须为一个目录名

9. mv（移动、重命名）

用户可以使用 mv 命令来移动文件或目录，也可以给文件或目录重命名。mv 常用选项说明见表 2-1-5。

表 2-1-5　mv 常用选项说明

选项	含义
-f	禁止交互式操作，如有覆盖也不会给出提示
-i	确认交互方式操作，如果 mv 操作将导致对已存在的目标文件的覆盖，系统会询问是否重写，要求用户回答以避免误覆盖文件
-v	显示移动进度

常用示例：

mv a.md abc.txt：将 a.md 重命名为 abc.txt；

mv abc.txt ./aaa：将 abc.txt 移动到当前的 aaa 目录中。

10. >（输出重定向）

Linux 允许将命令执行结果重定向到一个文件，将本应显示在终端上的内容保存到指定文件中。例如，ls > test.txt，会将该命令的结果输出到 test.txt 文件中，如果该文件不存在，则会自动创建。

> **注意**：> 输出重定向会覆盖原来的内容，>> 输出重定向则会追加到文件的尾部。

11. cat（查看 & 合并文件内容）

可以用来快速查看某个文件内容，输出到控制台。

12. tar（归档管理）

计算机中的数据经常需要备份，tar 是 Unix/Linux 中最常用的备份工具，此命令可以把一系列文件归档到一个大文件中，也可以把档案文件解开以恢复数据。tar 使用格式：tar [参数] 打包文件名，tar 文件 1 文件 2 文件 3……例如将文件 a、b、c 打包进名为 test.tar 的打包文件，指令为：tar-cf test.tar a b c。tar 命令很特殊，其参数前面可以使用 "-"，也可以不使用。tar 常用参数见表 2-1-6。

表 2-1-6　tar 常用参数

参数	含义
–c	生成档案文件，创建打包文件
–x	解开档案文件
–z	压缩 / 解压，此选项只针对 tar.gz 为结尾的文件
–v	列出归档解档的详细过程，显示进度
–t	列出档案中包含的文件
–f	指定档案文件名称，f 后面一定是 .tar 文件，所以必须放在选项最后

注意：除了 f 需要放在参数的最后，其他参数的顺序任意。

13. zip、unzip（文件压缩解压）

通过 zip 压缩文件的目标文件不需要指定扩展名，默认扩展名为 zip。

压缩文件：zip 的使用格式：zip [参数] 目标文件，源文件。

例如，zip bak *（* 代表所有），压缩当前目录所有文件，也可以指定文件。zip –r bak *，压缩当前目录所有文件 & 目录递归。

解压文件：Unzip 的使用格式为 unzip [参数] 解压后目录文件压缩文件；例如，unzip-d ./target_dir bak.zip，把文件解压到指定文件夹；unzip bak.zip，把文件解压到当前文件夹。

14. scp（远程复制文件）

scp 用于在 Linux 下进行远程拷贝文件的命令，和它类似的命令有 cp，不同的是 cp 只是在本机进行拷贝不能跨服务器，而且 scp 传输是加密的。

- 在命令终端运行以下指令，可以从远程复制文件到本地。

scp root@192.168.16.66：/home/poplar/xxx.tar.gz /home/test/

- 在命令终端运行以下指令，可以从本地复制文件到远程。

scp /home/test/xxx.png root@192.168.16.66：/home/poplar/

- 使用参数 -r，在命令终端运行以下指令，可以从远程复制目录到本地。

scp -r root@192.168.16.66：/home/poplar/day01 /home/test/

- 使用参数 -r，在命令终端运行以下指令，可以从本地复制目录到远程。

scp -r /home/test/day01 root@192.168.16.66：/home/poplar/

15. wget（文件下载）

wget 命令用来从指定的 URL 下载文件。wget 非常稳定，它在带宽很窄的情况下和不稳定网络中有很强的适应性，如果是由于网络的原因下载失败，wget 会不断尝试，直到整个文件下载完毕。如果是服务器打断下载过程，它会再次联到服务器上从停止的地方继续下载。这对从那些限定了链接时间的服务器上下载大文件非常有用。如果从网络上下载资源，没有指定目录，下载资源会默认为当前目录。

- 在命令终端运行以下指令，可以直接下载网络上的普通文件。

wget http：//p1.qhimgs4.com/t01ce0387e64e3428ca.jpg

- 使用参数在 -o，在命令终端运行以下指令，可以以指定文件名保存文件。

wget -O girl.jpg http：//p1.qhimgs4.com/t01ce0387e64e3428ca.jpg

- 使用参数在 -c，在命令终端运行以下指令，可以断点续传下载。

wget -c http：//p1.qhimgs4.com/t01ce0387e64e3428ca.jpg

16. tree（目录树状结构）

使用 tree 命令可以查看指定目录的树状结构，例如，在某个目录下的文件结构如下所示。

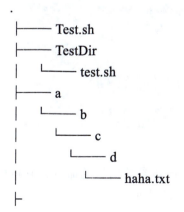

17. which（查看命令位置）

有时我们想知道被执行的命令在哪个目录，以方便切换或更新不同版本，可以使用 which 命令。which 命令用于查找并显示给定命令的绝对路径，环境变量 PATH 中保存了查找命令时需要遍历的目录。which 指令会在环境变量 $PATH 设置的目录里查找符合条件的文件。也就是说，使用 which 命令，就可以看到某个系统命令是否存在，以及执行的到底是哪一个位置的命令。

18. reboot、shutdown（关机重启）

reboot 命令用来重新启动正在运行的 Linux 操作系统。shutdown 命令用于系统关机，shutdown 命令可以关闭所有程序，并依用户的需要，进行重新开机或关机的动作。reboot、shutdown 命令及含义见表 2-1-7。

表 2-1-7 reboot、shutdown 命令及含义

命令	含义
reboot	重新启动操作系统
shutdown -r now	重新启动操作系统，shutdown 会给别的用户提示
shutdown -h now	立刻关机，其中 now 相当于时间为 0 的状态
shutdown -h 20：25	系统在今天的 20：25 会关机
shutdown -h +10	系统再过 10min 后自动关机

19. 网络相关命令

1）ping 命令用来测试主机之间网络的连通性。执行 ping 指令会使用 ICMP 传输协议，发出要求回应的信息，若远端主机的网络功能没有问题，就会回应该信息，因而得知该主机运作正常。例如，可以执行 ping baidu.com 查看是否连接了互联网，可以执行 ping 192.168.1.123（局域网中 IP 地址）以查看局域网中的其他设备是否连通，如图 2-1-44 所示。

图 2-1-44 ping 测试网络

2）ifconfig 命令是 Linux 系统中用于显示或设置网络设备参数信息的命令，它可以用来查看或修改网卡的状态、地址、子网掩码等，如图 2-1-45 所示。

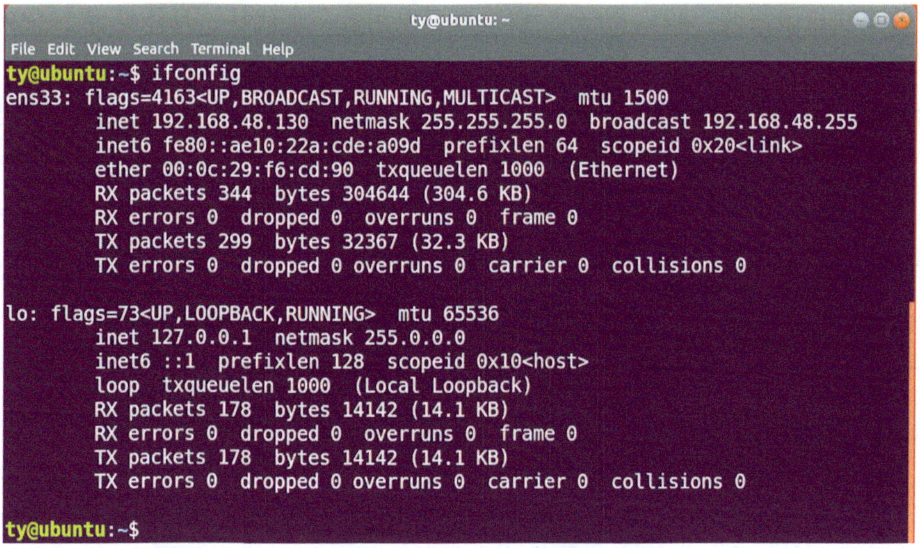

图 2-1-45　查看 IP 地址

3）ssh。ssh 命令是 openssh 套件中的客户端连接工具，可以给予 ssh 加密协议，实现安全地远程登录服务器。ssh root@192.168.37.123，提示是否接受签名证书：输入 yes，回车即可。如果远程计算机是新装计算机，有可能会因为 ssh 服务证书问题而无法连接，可以通过在远程计算机上重装 ssh 服务解决。

20. 权限操作

使用 ls -l 可以查看文件 & 目录的权限；使用 chmod 可以修改文件权限。有两种使用格式：字母法与数字法。

1）字母法权限修改：rwx。chmod u/g/o/a +/-/= rwx 文件，各符号具体含义见表 2-1-8。

表 2-1-8　chmod 命令及含义

符号	含义
u	user 表示该文件的所有者
g	group 表示与该文件的所有者属于同一组（group），即用户组
o	other 表示其他的人
a	all 表示这三者皆是
+	增加权限
-	撤销权限
=	设定权限
r	read 表示可读取，对于一个目录，如果没有 r 权限，那么就意味着不能通过 ls 查看这个目录的内容
w	write 表示可写入，对于一个目录，如果没有 w 权限，那么就意味着不能在目录下创建新的文件
x	excute 表示可执行，对于一个目录，如果没有 x 权限，那么就意味着不能通过 cd 进入这个目录

2）数字法权限修改：421。"rwx"权限也可以用数字来代替，具体见表2-1-9。

表 2-1-9 字母法权限修改对应数字说明

字母	说明
r	读取权限，数字代号为"4"
w	写入权限，数字代号为"2"
x	执行权限，数字代号为"1"
-	不具有任何权限，数字代号为"0"

21. 用户相关操作

1）passwd（修改用户密码）。在 Unix/Linux 中，超级用户可以使用 passwd 命令为普通用户设置或修改用户密码。用户也可以直接使用该命令来修改自己的密码，而无须在命令后面使用用户名。非超级用户只能修改自己的密码，超级管理员用户（root）可以修改其他用户密码。为了保证系统安全，要使用比较复杂的口令，最好使用 8 位以上的口令，并且口令中包含大写、小写字母和数字。

2）whoami（我是谁）。whoami 可以获取当前登录账户的用户名。

3）exit（退出登录账户）。

执行 exit 可使 shell 以指定的状态值退出。若不设置参数，则以最后一条命令的返回值作为 exit 的返回值退出。如果是图形界面，退出当前终端；如果是使用 ssh 远程登录，退出登录账户；如果是切换后的登录用户，退出则返回上一个登录账号。

4）su（切换到普通用户）。

su 命令用于切换当前用户身份到其他用户身份，变更时须输入所要变更的用户账号与密码。例如 su username 切换到 username 用户，当前路径不变；su-username` 切换到 username 用户，当前路径变更为 /home/username。

5）sudo su 切换到管理员账号。

sudo su 或 sudo -s Linux 下切换到 root 命令。

22. 系统信息命令

1）查看系统版本。
- 发行版本号：lsb_release -a。
- 内核版本及系统位数：uname -a。
- 内核版本及 gcc 版本：cat /proc/version。

2）查看硬件信息。
- CPU 信息：cat /proc/cpuinfo 或 lscpu。
- 内存信息：sudo dmidecode -t memory。

3）运行时信息。
- top：实时 CPU& 内存使用情况。
- free：当前内存占用情况。

- ps-aux：查看当前进程状态（CPU、内存占用、开启时间）。
- kill：根据进程 pid 杀死指定进程，可以配合参数 -9 强制杀死。

知识与能力拓展

一、英伟达 Jetson Xavier NX 开发工具包安装

NVIDIA® Jetson™是世界领先的平台，适用于自主机器和其他嵌入式应用程序。该平台包括 Jetson 模组（外形小巧的高性能计算机）、用于加速软件的 NVIDIA JetPack™ SDK，以及包含传感器、SDK、服务和产品的生态系统，从而加快开发速度。Jetson 与其他 NVIDIA 平台上所用的相同 AI 软件和云原生工作流相兼容，并能为客户提供构建软件定义的自主机器所需的性能和能效。

NVIDIA® Jetson Xavier NX™开发者套件（图 2-1-46）将超级计算机性能带入边缘设备。它包含 Jetson Xavier NX 模组，可利用 NVIDIA 软件堆栈以低至 10W 的功率开发多模态 AI 应用程序。现在也可以借助云原生支持轻松地在边缘设备中开发和部署 AI 软件。开发者套件由完整的 NVIDIA 软件堆栈提供支持，其中包括加速的 SDK 和适用于应用程序开发和优化的最新 NVIDIA 工具。

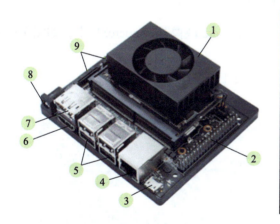

序号	说明
1	用于主存储的microSD卡插槽
2	40引脚扩展针座
3	微型USB端口
4	千兆以太网端口
5	USB3.1A型端口
6	高清接口输出端口
7	显示端口插接器
8	流套管插孔，用于19V电源输入
9	MIPI CSI相机插接器

图 2-1-46　NVIDIA® Jetson Xavier NX™ 开发者套件

1. 将镜像写入 microSD 卡

要准备您的 microSD 卡，需要一台连接互联网的计算机，并且能够通过内置 SD 卡插槽或适配器读取和写入 SD 卡。

从 JetPack SDK 页面下载 Jetson Xavier NX 开发人员套件 SD 卡映像，并记下它在计算机上的保存位置。根据您使用的计算机类型，按照以下说明将映像写入 microSD 卡。

1）使用 SD 存储卡格式化程序格式化 microSD 卡，如图 2-1-47 所示。

使用 TF 卡烧录镜像

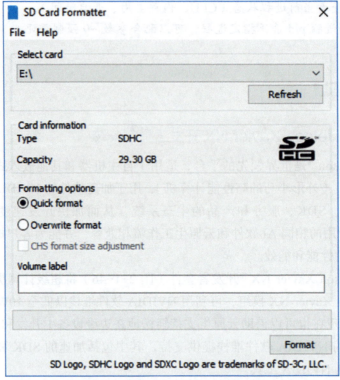

图 2-1-47 格式化 microSD 卡

2）使用 Etcher 将 Jetson Nano Developer Kit SD Card 映像写入 microSD 卡，如图 2-1-48 所示。

microSD 卡准备就绪后，请继续设置开发人员工具包。

图 2-1-48 写入映像到 microSD 卡

2. 安装 SD 卡

1）如图 2-1-49 所示，将 microSD 卡（系统映像已写入）插入 Jetson Xavier NX 模块底部的插槽中。

2）打开计算机显示器的电源并连接。

3）连接 USB 键盘和鼠标。

4）连接提供的电源。Jetson Xavier NX 开发人员套件将自动开机并启动。

3. 启动

Micro-USB 插接器旁边的绿色 LED 将在开发人员套件通电后立即亮起。首次启动时，Jetson Xavier NX 开发人员工具包将带你完成一些初始设置，包括：

图 2-1-49　安装 SD 卡

1）查看并接受 NVIDIA Jetson 软件 EULA。

2）选择系统语言、键盘布局和时区。

3）连接到无线网络。

4）创建用户名、密码和计算机名称。

5）登录。

登录后，你将看到图 2-1-50 所示屏幕，完成安装。

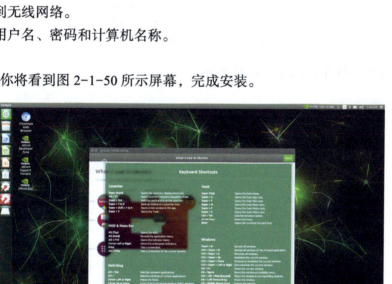

图 2-1-50　登录后界面

二、制作 Ubuntu U 盘镜像

1. 下载镜像

从官网下载 Ubuntu18.04 系统镜像（https：//cn.ubuntu.com/download）。

2. 制作 U 盘启动

1）安装 UltraISO。准备一个 32G 左右的 U 盘，然后使用 UltraISO 软

制作 Ubuntu
18.04 启动 U 盘

件（下载地址：https：//cn.ultraiso.net/xiazai.html）制作 U 盘启动器。进入官网，单击下载该软件。下载完成，双击选择默认安装即可。然后，单击"继续试用"运行，如图 2-1-51 所示。

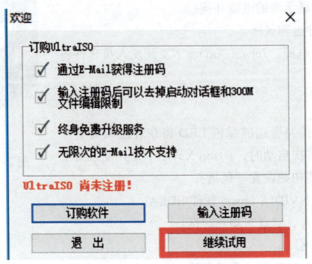

图 2-1-51　安装 UltraISO

2）单击文件→打开，如图 2-1-52 所示。

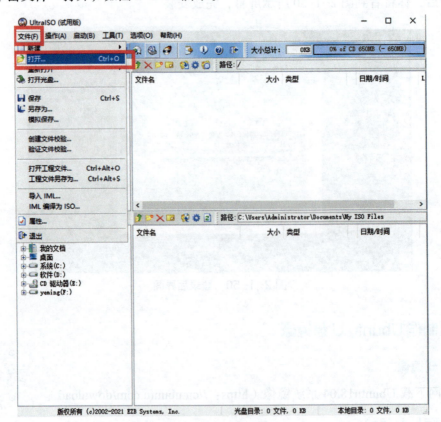

图 2-1-52　打开文件

3）选择你下载的 Ubuntu 镜像 ISO 文件，如图 2-1-53 所示。选中 ISO 后会出现图 2-1-54 所示界面。

图 2-1-53　选择 Ubuntu 镜像 ISO 文件

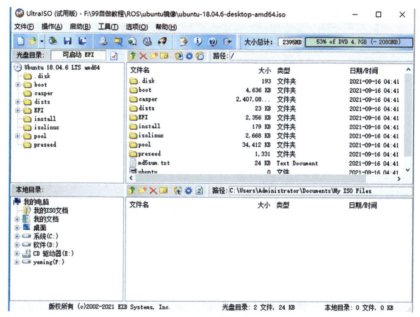

图 2-1-54　选择镜像后界面

4）单击启动→写入硬盘映像，如图 2-1-55 所示。

图 2-1-55　写入映像

5）选择你自己的 U 盘，写入方式选择"USB-HDD+"，如图 2-1-56 所示。选好后，单击"写入"按钮，等待完成即可，如图 2-1-57 所示。

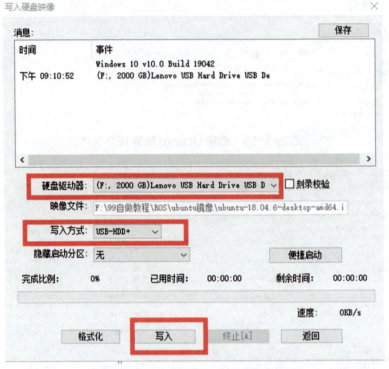

图 2-1-56　选择 U 盘及写入方式

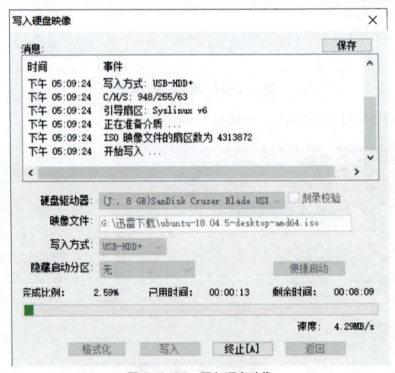

图 2-1-57　写入硬盘映像

出现图 2-1-58 所示界面说明写入完成。

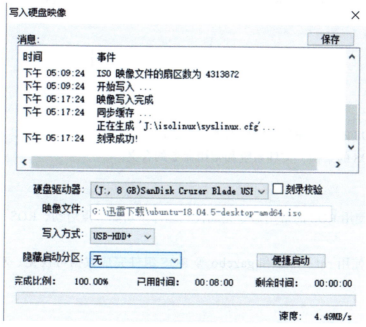

图 2-1-58 映像写入完成

强化练习

1. 在命令终端下，如果需要切换到上级目录，需要输入以下哪个指令？（　　）
   A. cd~　　　　　　　　　　B. cd.
   C. cd..　　　　　　　　　　D. cd/
2. 在命令终端窗口如果想要查看当前目录的路径，需要输入以下哪类命令？（　　）
   A. ls　　　　　　　　　　　B. pwd
   C. cp　　　　　　　　　　　D. cd
3. 在命令终端窗口如果想要查看当前目录下有哪些文件，需要输入以下哪类命令？（　　）
   A. ls　　　　　　　　　　　B. pwd
   C. rm　　　　　　　　　　　D. cp
4. 在 Ubuntu 下使用命令终端完成以下操作练习，并依次填写你的操作指令：
（1）切换到 /home/ 用户名 / 路径下，创建两个文件夹，文件夹名为 "/ubuntu/ 你的学号"。
（2）在文件夹 "/ubuntu/ 你的学号" 下创建一个文件，文件名为 "test.md"。
（3）复制 "test.md" 文件，复制之后的文件名为 "test_copy.md"。
（4）删除 "test.md" 文件。
（5）移动 "test_copy.md" 文件到上级目录。
（6）删除你开始练习时所创建的文件夹 "/ubuntu/ 你的学号"。

任务二　ROS 安装与基本使用

学习目标

知识目标
1）掌握 ROS 的安装和各个组件的使用方法。
2）熟悉 ROS 的架构、文件系统和常用命令的含义。

能力目标
1）能熟练使用 ROS 的常用命令完成代码编译、功能节点启动、ROS 组件启动和功能调试。
2）能熟练使用 rqt、rviz 和 gazebo 等 ROS 组件完成数据可视化、功能调试和功能仿真。

素养目标
通过查阅技术手册，培养学生严谨与一丝不苟的工作态度。

任务描述

智能网联汽车技术的开发一般都是基于 ROS，后面章节的深入学习都要依托 ROS 展开。在此部分，我们将对 ROS 的系统组成、常用组件、系统架构和通信机制进行学习。在此基础上，我们将完成 ROS 的安装，并练习 ROS 常用指令。通过本任务的学习，你将具备 ROS 的安装和基本使用能力，为后续任务学习打下基础。

任务准备

一、ROS 简介

机器人操作系统（ROS）是编写机器人软件的灵活框架。它是工具、库和惯例的集合，旨在简化在各种机器人平台上创建复杂而强大的机器人行为的任务。ROS 是适用于机器人的开源元操作系统，集成了大量的工具、库、协议，提供类似 OS 所提供的功能，简化对机器人的控制，还提供了用于在多台计算机上获取、构建、编写和运行代码的工具和库。ROS 在某些方面类似于"机器人框架"，ROS 设计者将 ROS 表述为"ROS = Plumbing + Tools + Capabilities + Community"，即 ROS 是通信机制、工具软件包、机器人高层技能以及机器人生态系统的集合体，如图 2-2-1 所示。

图 2-2-1　ROS 组成

机器人开发的分工思想，实现了不同研发团队间的共享和协作，提升了机器人的研发效率，为了服务"分工"，ROS 在设计之初就具备如下特点。

1. 代码复用

ROS 的目标不是成为具有最多功能的框架，它的主要目标是支持机器人技术研发中的代码重用。

2. 分布式

ROS 是进程的分布式框架，ROS 中的进程可分布于不同主机，不同主机协同工作，从而分散计算压力。

3. 松耦合

ROS 中的功能模块封装于独立的功能包或元功能包，便于分享，功能包内的模块以节点为单位运行，以 ROS 标准的 IO 作为接口，开发者不需要关注模块内部实现，只要了解接口规则就能实现复用，实现了模块间点对点的松耦合连接。

4. 精简

ROS 被设计为尽可能精简，以便为 ROS 编写的代码可以与其他机器人软件框架一起使用。ROS 易于与其他机器人软件框架集成：ROS 已与 OpenRAVE、Orocos 和 Player 集成。

5. 语言独立性

ROS 支持 Java、C++、Python 等主流编程语言。为了支持更多应用开发和移植，ROS 被设计为一种语言弱相关的框架结构，使用中立的定义语言描述模块间的消息接口，然后在编译中再产生所使用语言的目标文件，从而为消息交互提供支持，同时允许消息接口的嵌套使用。

6. 易于测试

ROS 提供了一个叫作 rostest 的内置框架，可以帮助开发者对机器人软件进行单元测试或者集成测试。rostest 可以方便地安装和拆卸测试工具，以及运行和记录测试结果。这样就可以保证机器人软件的质量和稳定性。

7. 大型应用

ROS 适用于大型运行系统和大型开发流程。ROS 可以支持多个机器人或者多个模块之间的协作和通信，以及与云端服务的集成。这样就可以构建出复杂而功能强大的机器人系统。同时，ROS 也提供了一些工具和方法，来帮助开发者管理、测试、调试和部署机器人软件。这些工具和方法可以适应不同的编程语言、操作系统、硬件平台等。

8. 丰富的组件化工具包

ROS 可采用组件化方式集成一些工具和软件到系统中并作为一个组件直接使用，如 rviz（3D 可视化工具），开发者根据 ROS 定义的接口在其中显示机器人模型等，组件还包括仿真环境和消息查看工具等。

9. 免费且开源

ROS 开发者众多，功能包多。目前 ROS 应用的机器人领域越来越广，如轮式机器人、人形机器人、工业机械手、室外机器人（如无人驾驶汽车）、无人飞行器、救援机器人等，美国国家航空航天局（NASA）甚至考虑使用 ROS 开发火星探测器；越来越多的机器人开始从科研领域走向人们的日常生活。目前 ROS 1 主要存在以下问题。

（1）多机器人系统　多机器人系统是机器人领域研究的一个重点问题，可以解决单机器人性能不足、无法应用等问题，但是 ROS 1 中并没有构建多机器人系统的标准方法。

（2）跨平台　ROS 1 基于 Linux 系统，在 Windows、MacOS、RTOS 等系统上无法应用或者功能有限，这对机器人开发者和开发工具提出了较高要求，也有很大的局限性。

（3）实时性　很多应用场景下的机器人对实时性有较高要求，尤其是工业领域，系统需要做到硬实时的性能指标，但是 ROS 1 缺少实时性方面的设计，所以在很多应用中捉襟见肘。

（4）网络连接　ROS 1 的分布式机制需要良好的网络环境以保证数据的完整性，而且网络没有数据加密、安全防护等功能，网络中的任意主机都可获得节点发布或接收的消息数据。

（5）产品化　ROS 1 的稳定性欠佳，ROS Master、节点等重要环节在很多情况下会莫名宕机，这就导致很多机器人从研究开发到消费产品的过渡非常艰难。

虽然不少开发者和研究机构针对以上部分问题进行了改良，但这些局部功能的改善往往很难带来整体性能的提升，机器人开发者对新一代 ROS 的呼声越来越高，ROS 2.0 在此背景下推出。

- ROSCon 2014 上，新一代 ROS 的设计架构（Next-generation ROS：Building on DDS）正式公布。
- 2015 年 8 月，第一个 ROS 2.0 的 alpha 版本落地。
- 2016 年 12 月 19 日，ROS 2.0 的 beta 版本正式发布。
- 2017 年 12 月 8 日，ROS 2.0 终于发布了第一个正式版——Ardent Apalone。
- 2018 年 7 月 2 日，第二个正式版——Bouncy Bolson 发布，并保持半年更新一个版本的节奏。
- 2018 年 12 月，第三个正式版——Crystal Clemmys 发布。

二、ROS 常用组件

1. rviz

rviz（the Robit Visualization tool）即机器人可视化工具，是一个 3D 可视化工具，用于

显示来自 ROS 的传感器数据和状态信息，如图 2-2-2 所示。可视化的作用是直观的，它极大地方便了监控和调试等操作，以自动驾驶为例，激光雷达和车辆模型等信息的可视化效果如图 2-2-3 所示。rviz 已经集成在桌面完整版的 ROS 当中。

图 2-2-2　rviz 可视化

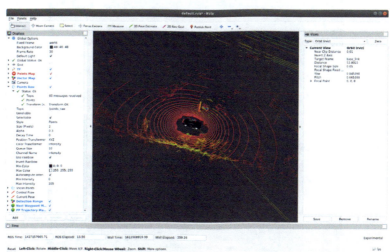

图 2-2-3　自动驾驶 rviz 可视化

2. rqt

rqt 是一个基于 qt 开发的可视化工具，拥有扩展性好、灵活易用、跨平台等特点，它集成了 30 多种工具，可以作为一个综合的图形用户界面（GUI）工具来使用，如图 2-2-4 所示。另外，rviz 也被集成到 rqt 的插件中，这使 rqt 成为 ROS 的一个不可缺少的 GUI 工具，运行 rqt 将显示 rqt 的 GUI。

3. gazebo

gazebo 是一个机器人仿真工具和模拟器，也是一个独立的开源机器人仿真平台。当今市面上还有其他的仿真工具，如 V-Rep、Webots 等，但是 gazebo 不仅开源，也是兼容 ROS 最好的仿真工具，图 2-2-5 所示为 gazebo 仿真平台工作界面。

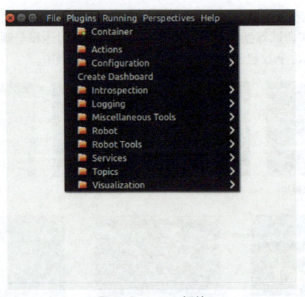

图 2-2-4　rqt 插件

图 2-2-5　gazebo 仿真平台工作界面

4. rosbag

rosbag 是一套用于记录和回放 ROS 主题的工具。它旨在提高性能，并避免消息的反序列化和重新排序。rosbag package 提供了命令行工具和代码应用程序编程接口（API），可以用 C++ 或者 Python 来编写包。而且 rosbag 命令行工具和代码 API 是稳定的，始终保持向后的兼容性。

三、ROS 与自动驾驶

1. Autoware

Autoware 基金会（其成员如图 2-2-6 所示）是一个非营利组织，旨在发起、发展和资助开源协作 Autoware 的项目工程，该工程包括 Autoware.AI、Autoware.Auto 和 Autoware.IO 三部分。Autoware.AI 是世界上第一个用于自动驾驶技术的"多合一"开源软件。它基于 ROS 1，并在 Apache 2.0 许可下可用。其来源于 Tier IV 和东京大学的 Shinpei Kato 在 2015 年创立的 Autoware 项目，目前正在全球 100 多个公司的车辆上使用。Autoware.Auto 是基于 ROS 2.0 的 Autoware 新版本，用于可认证的自动驾驶软件堆栈。Autoware.IO 专注于以 96Boards 为基础异构平台的支持、车辆控制接口以及一系列第三方软件和硬件工具，以帮助实现 Autoware 的核心价值。Autoware.IO 项目包含仿真器、传感器的设备驱动程序、车辆的线控控制器以及独立于 SoC 的标准系统实现。

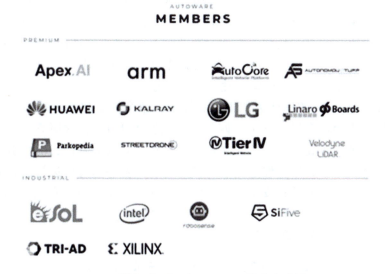

图 2-2-6　Autoware 基金会成员

Autoware 自动驾驶框架如图 2-2-7 所示，其包含以下模块。

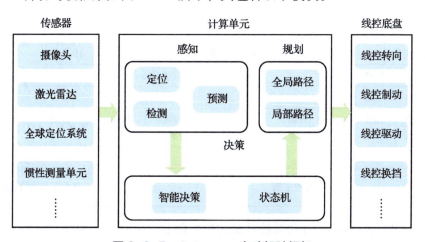

图 2-2-7　Autoware 自动驾驶框架

1）定位（Localization）：通过与全球导航卫星系统（GNSS）和惯性测量单元（IMU）传感器结合使用 3D 地图和 SLAM 算法来实现。

2）检测（Detection）：使用具有传感器融合算法和深度神经网络的摄像机以及 LiDAR。

3）预测和规划（Prediction and Planning）：基于概率机器人技术和规则的系统，部分还使用深度神经网络。

4）控制（Control）：Autoware 向车辆输出的控制量是速度和角速度。尽管控制量的主要部分通常位于车辆的线控控制器中，但这些是控制的一部分。

2. 百度 Apollo

百度 Apollo 是由百度发布的全球最大的自动驾驶开放平台，包括开放平台及企业版解决方案，Apollo 开放平台是面向所有开发者提供的最开放、完整、安全的自动驾驶开源平台。Apollo 已形成自动驾驶、车路协同、智能车联大开放平台，截至 2019 年年底，拥有生态合作伙伴 177 家，几乎囊括全球所有的主流汽车制造商（宝马、戴姆勒、大众、丰田、福特、现代、一汽、北汽、长城、吉利、奇瑞等）、一级零部件供应商（博世、大陆、德尔福、法雷奥、采埃孚等）、芯片公司、传感器公司、交通集成商、出行企业等，覆盖从硬件到软件的完整产业链，拥有全球开发者 36000 名。

相比 Autoware，Apollo 的框架更加丰富和复杂，整个框架包括云端服务平台、开源软件平台、开源硬件平台和车辆认证平台四部分，见表 2-2-1。云端服务平台包括高精地图，它是实现无人驾驶汽车高精度定位、路径导航、路径规划的基础；仿真引擎，通过海量实际路况及自动驾驶场景数据，促进自动驾驶系统的开发快速迭代进行；数据平台，包括传感器数据、车辆行驶数据等；安全：数据安全、通信安全、服务安全；OTA，空中下载技术（Over-the-Air Technology）是远程升级系统的必备技能；DuerOS，百度的语音交互平台，未来可通过语音与车实现交互。

表 2-2-1 百度 Apollo 自动驾驶开放平台架构

云端服务平台	高精度地图	仿真引擎	量产服务组件	安全		OTA	DuerOS	V2X
	数据平台							
开源软件平台	地图引擎	定位模块		感知	预测	规划	控制	HMI	V2X 适配器
	ApolloCyberRT			RTOS					
开源硬件平台	车载计算单元	GPS/IMU	摄像头	激光雷达	毫米波雷达	超声波传感器	HMI设备	黑盒子	ASU	AXU	V2X OBU
车辆认证平台		线控车辆					开放车辆接口标准		

开源软件平台是 Apollo 自动驾驶系统的核心部分，包括功能模块、运行框架和实时操

作系统三部分。功能模块可细分为：

- 地图引擎：运行高精度地图。
- 定位模块：通过 GPS、V-SLAM、L-SLAM、里程计等多种定位源融合，结合高精度地图，实现精准定位。
- 感知：通过激光雷达、毫米波雷达、摄像头，精确感知车辆周围的环境路况，包括车辆、行人、交通标志等。
- 规划：主要包括路径规划、运动障碍物的预测等。
- 控制：控制车辆的转向、加速、制动等操作。
- HMI：人机交互模块。

四、ROS 文件系统

ROS 文件系统指的是在硬盘上 ROS 源代码的组织形式，其结构大致如图 2-2-8 所示。

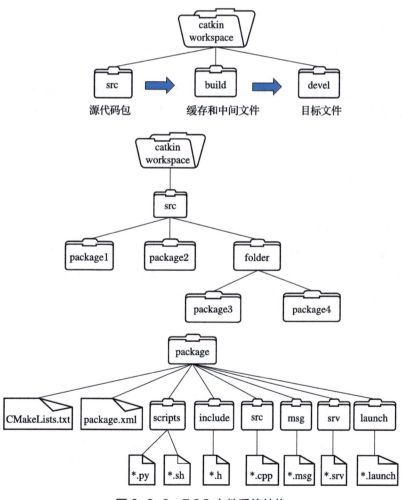

图 2-2-8　ROS 文件系统结构

图 2-2-8 中文件类型说明如下。

workspace：自定义的工作空间。

build：编译空间，用于存放 CMake 和 catkin 的缓存信息、配置信息和其他中间文件。

devel：开发空间，用于存放编译后生成的目标文件，包括头文件、动态 & 静态链接库、可执行文件等。

src：源码。

package：功能包（ROS 基本单元）包含多个节点、库与配置文件，包名所有字母小写，只能由字母、数字与下画线组成。

CMakeLists.txt：配置编译规则，比如源文件、依赖项、目标文件。

package.xml：包信息，如包名、版本、作者、依赖项等（以前版本是 manifest.xml）。

scripts：存储 Python 文件。

src：存储 C++ 源文件。

include：头文件。

msg：消息通信格式文件。

srv：服务通信格式文件。

package.xml 定义有关软件包的属性，如软件包名称、版本号、作者、维护者，以及对其他 catkin 软件包的依赖性。

CMakeLists.txt 是 CMake 构建系统的输入，用于构建软件包。任何兼容 CMake 的软件包都包含一个或多个 CMakeLists.txt 文件，这些文件描述了如何构建代码以及将代码安装到何处。

五、ROS 架构

1. Master

Master 在整个网络通信架构里相当于管理中心，管理着各个 Node，如图 2-2-9 所示。Node 首先在 Master 处进行注册，之后 Master 会将该 Node 纳入整个 ROS 程序中。Node 之间的通信也是先由 Master 进行"牵线"，才能两两地进行点对点通信。当 ROS 程序启动时，首先启动 Master，由节点管理器处理依次启动 Node。

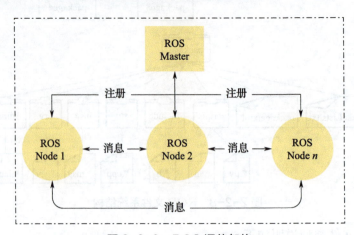

图 2-2-9　ROS 通信架构

2. Node

在 ROS 的世界里,最小的进程单元就是节点(Node)。一个软件包里可以有多个可执行文件,可执行文件在运行之后就成了一个进程(Process),这个进程在 ROS 中就叫作节点。从程序角度来说,Node 就是一个可执行文件(通常为 C++ 编译生成的可执行文件、Python 脚本)被执行,加载到了内存之中。从功能角度来说,通常一个 Node 负责着机器人某一个单独的功能。例如,有一个 Node 来控制底盘轮子的运动,有一个 Node 驱动摄像头获取图像,有一个 Node 驱动激光雷达,有一个 Node 根据传感器信息进行路径规划……这样做可以降低程序发生崩溃的可能性,试想一下如果把所有功能都写到一个程序中,模块间的通信、异常处理将会很麻烦。

3. 通信机制

ROS 的通信方式是 ROS 最为核心的概念,ROS 的精髓就在于它提供的通信架构。ROS 的通信方式有以下四种。

- Topic(话题)。
- Service(服务)。
- Parameter Service(参数服务器)。
- Actionlib(动作库)。

(1)Topic　ROS 的通信方式中,Topic 是常用的一种,如图 2-2-10 所示。对于实时性、周期性的消息,使用 Topic 来传输是最佳的选择。Topic 通信属于一种异步通信方式。Node 间进行通信,其中发送消息的一方,ROS 将其定义为 Publisher(发布者),接收消息的一方定义为 Subscriber(订阅者)。图 2-2-10 示例中,发布者为节点 Turtle Velocity,该节点发布的话题名称为 /turtle1/cmd_vel,订阅者为 Turtlesim。

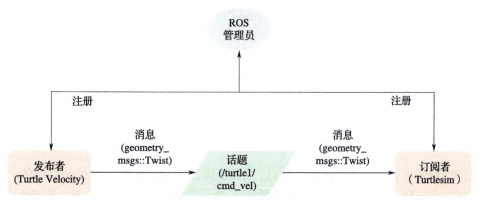

图 2-2-10　话题通信模型

Message 按照定义解释就是 Topic 内容的数据类型,也称之为 Topic 的格式标准。图 2-2-10 中 Turtlesim 节点订阅的话题 /turtle1/cmd_vel 的消息类型为 geometry_msgs:Twist,该消息的数据格式如图 2-2-11 所示,包括 x、y、z 三个方向的线速度和角速度。考虑到消息需要广泛传播,ROS 没有将其设计为点对点的单一传递,而是由 Publisher 将信息发布到 Topic 中,想要获得消息的任何一方都可以到这个 Topic 中去取数据。

```
geometry_msgs/Vector3 linear
  float64 x
  float64 y
  float64 z
geometry_msgs/Vector3 angular
  float64 x
  float64 y
  float64 z
```

图 2-2-11　ROS 话题通信消息类型

（2）Service　ROS 提供了节点与节点间通信的另外一种方式，即 Service 通信，如图 2-2-12 所示。Service 通信分为 Client 端和 Server 端。Client 端负责发送请求（Request）给 Server 端。Server 端负责接收 Client 端发送的请求数据。Server 端收到数据后，根据请求数据和当前的业务需求产生数据，将数据（Response）返回给 Client 端。

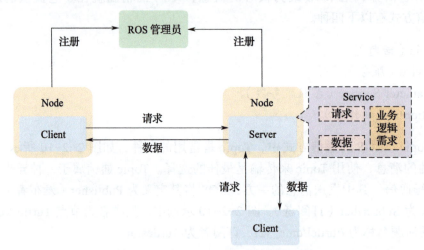

图 2-2-12　ROS Service 通信模型

Service 通信的特点：

- 同步数据访问。
- 具有响应反馈机制。
- 一个 Server 多个 Client。
- 注重业务逻辑处理。

（3）Parameter Service　与前两种通信方式不同，参数服务器可以说是特殊的"通信方式"，如图 2-2-13 所示。特殊点在于参数服务器是节点存储参数的地方，用于配置参数、全局共享参数。参数服务器使用互联网传输，在节点管理器中运行，实现整个通信过程。

总的来说，参数服务器的维护方式，有以下三种。

- 命令行维护。
- launch 文件内读写。
- node 源码。

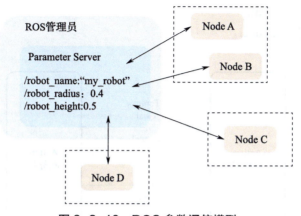

图 2-2-13 ROS 参数通信模型

（4）Actionlib　Action 的工作原理是 Client-Server 模式，也是一个双向的通信模式，如图 2-2-14 所示。Action 通信分为 Client 端和 Server 端，Client 端负责给 Server 端发送指令，Server 端接收到指令，根据自身的业务逻辑处理指令，处理过程中，可以反馈进度给 Client 端，处理结束后将结果反馈给 Client 端。

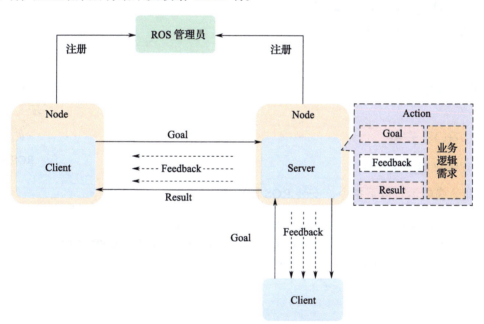

图 2-2-14　ROS Action 通信模型

在 Action 通信模型的交互过程中，如图 2-2-15 所示，分为三个数据交互阶段。

- Client 端请求阶段。
- Server 端进度反馈阶段。
- Server 端结果反馈阶段。

对于 Client 端而言，可做的操作行为有：

- 发送指令请求，Goal。
- 取消指令请求，Cancel。

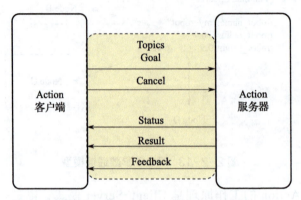

图 2-2-15　ROS Action 交互过程

对于 Server 端而言，可做的操作行为有：

- 响应进度信息，Feedback。
- 响应结果信息，Result。

任务实施与评价

一、ROS 安装

1. 安装来自中国的源

在命令终端运行以下指令，安装 ROS 国内源。

```
sudo sh -c './etc/lsb-release &&echo "deb http://mirrors.ustc.edu.cn/ros/ubuntu/$DISTRIB_CODENAME main">/etc/apt/sources.list.d/ros-latest.list'
```

ROS 安装

2. 设置 key

在命令终端运行以下指令，设置 ROS 国内源 key。

```
sudo apt-key adv --keyserver'hkp://keyserver.ubuntu.com:80'--recv-key C1CF6E31E6BADE8868B172B4F42ED6FBAB17C654
```

3. 更新软件源

在命令终端运行以下指令，更新 ROS 软件源。

```
sudo apt-get update
```

4. 安装

在命令终端运行以下指令，安装 ROS-Desktop-Full（包含 ROS、rqt、rviz、robot-generic libraries、2D/3D simulators、navigation and 2D/3D perception 等组件）和 rosinstall 等便利工具。

```
sudo apt-get install ros-melodic-desktop-full
sudo apt install python-rosdep python-rosinstall python-rosinstall-generator python-wstool build-essential
```

5. 解决依赖

在使用 ROS 之前，需要初始化 rosdep。rosdep 能够轻松地安装想要编译的源代码或被某些 ROS 核心组件需要的系统依赖。在命令终端运行以下指令，初始化 rosdep。

```
sudo rosdep init
rosdep update
```

> **提示**：如果在 sudo rosdep init 这一步出错的话，可以在命令终端运行以下指令，安装国内版 rosdep。

```
sudo apt-get install python-pip
sudo pip install rosdepc
sudo rosdepc init
rosdepc update
```

6. 环境设置

设置环境变量才能使系统找到 ROS 工作空间和对应的功能包，在命令终端运行以下指令，将 ROS 环境变量自动添加到新 bash 中。

```
echo "source /opt/ros/melodic/setup.bash">> ~/.bashrc
source ~/.bashrc
```

7. 测试安装

在命令终端运行以下指令，运行 ROS 主节点，测试 ROS 安装是否成功。

```
roscore
```

若正常出现类似图 2-2-16 所示的信息，说明已经成功安装。

ROS 内置了一些小程序，可以通过运行这些小程序以检测 ROS 环境是否可以正常运行。打开新的命令终端，在命令终端运行以下指令，此时会弹出图形化界面，如图 2-2-17 所示。

```
rosrun turtlesim turtlesim_node
```

打开新的命令终端，在命令终端运行以下指令，此时，可以通过上下左右键控制图 2-2-17 中乌龟的运动。

```
rosrun turtlesim turtle_teleop_key
```

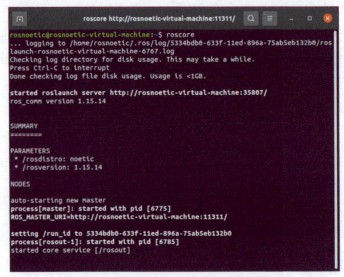

图 2-2-16 roscore 运行成功界面

图 2-2-17 ROS 内置示例

二、ROS 常用命令

ROS 中大量代码分散在众多的 packages 和 stacks 中，命令工具 ls 和 cd 已不能满足检索要求。因此 ROS 提供了一套自己的命令工具来完成与这些命令相似的工作。下面介绍 ROS 常用的命令使用方法。

1. rospack

rospack 允许你获取软件包的有关信息。在此，只涉及 find 参数选项，该选项可以返回软件包的所在路径。用法：$ rospack find [package_name]。例如，$ rospack find roscpp，将会输出：YOUR_INSTALL_PATH/share/roscpp。如果你是在 Ubuntu 操作系统上通过 apt 安装的 ROS，你看到的应该是：/opt/ros/<distro>/share/roscpp。

2. roscd

roscd 是 rosbash 命令集的一部分，它允许你直接切换目录（cd）到某个软件包或者软件包集中。

用法：$ roscd [locationname[/subdir]]。

要想验证是否能切换到 roscpp 包的位置，请运行以下示例：$ roscd roscpp。

使用 UNIX 命令 pwd 输出工作目录：$ pwd。

应该会看到：YOUR_INSTALL_PATH/share/roscpp。

可以看到 YOUR_INSTALL_PATH/share/roscpp 和之前使用 rospack find 输出的路径是一样的。roscd 也可以切换到一个软件包或软件包集的子目录中。执行：$ roscd roscpp/cmake、$ pwd，应该会看到：YOUR_INSTALL_PATH/share/roscpp/cmake。

注意，就像 ROS 中的其他工具一样，roscd 只能切换到那些路径已经包含在 ROS_PACKAGE_PATH 环境变量中的软件包。要查看 ROS_PACKAGE_PATH 中包含的路径，可以输入：$ echo $ROS_PACKAGE_PATH。你的 ROS_PACKAGE_PATH 环境变量应该包含那些保存有 ROS 软件包的路径，并且每个路径之间用冒号（：）分隔开来。一个典型的 ROS_PACKAGE_PATH 环境变量如下：/opt/ros/<distro>/base/install/share。跟其他环境变量路径类似，你可以在 ROS_PACKAGE_PATH 中添加更多的目录，每条路径使用冒号（：）分隔。

3. rosls

rosls 是 rosbash 命令集的一部分，它允许直接按软件包的名称执行 ls 命令（而不必输入绝对路径）。用法：$ rosls [locationname[/subdir]]。示例：$ rosls roscpp_tutorials，应输出：cmake launch package.xml srv。

4. rosrun

rosrun 可以让你用包名直接运行软件包内的节点（而不需要知道包的路径）。用法：$ rosrun [package_name][node_name]，在一个新终端中运行 turtlesim 包中的 turtlesim_node：$ rosrun turtlesim turtlesim_node。

5. rosnode

rosnode 是用于获取节点信息的命令，其相关命令包括：

rosnode ping	测试到节点的连接状态。
rosnode list	列出活动节点。
rosnode info	打印节点信息。
rosnode machine	列出指定设备上的节点。
rosnode kill	关掉某个节点。
rosnode cleanup	清除不可连接的节点。

6. rostopic

rostopic 包含 rostopic 命令行工具，用于显示有关 ROS 主题的调试信息，包括发布者、订阅者、发布频率和 ROS 消息。它还包含一个实验性 Python 库，用于动态获取有关主题的信息并与之交互。rostopic 相关命令包括：

rostopic bw	显示主题使用的带宽。
rostopic delay	显示带有 header 的主题延迟。
rostopic echo	打印消息到屏幕。
rostopic find	根据类型查找主题。
rostopic hz	显示主题的发布频率。
rostopic info	显示主题相关信息。
rostopic list	显示所有活动状态下的主题。
rostopic pub	将数据发布到主题。
rostopic type	打印主题类型。

7. rosmsg

rosmsg 是用于显示有关 ROS 消息类型的命令行工具，其相关命令包括：

rosmsg show	显示消息描述。
rosmsg info	显示消息信息。
rosmsg list	列出所有消息。
rosmsg md5	显示 md5 加密后的消息。
rosmsg package	显示某个功能包下的所有消息。
rosmsg packages	列出包含消息的功能包。

8. rosservice

rosservice 包含用于列出和查询 ROS Services 的命令行工具，其相关命令包括：

rosservice args	打印服务参数。
rosservice call	使用提供的参数调用服务。
rosservice find	按照服务类型查找服务。
rosservice info	打印有关服务的信息。
rosservice list	列出所有活动的服务。
rosservice type	打印服务类型。
rosservice uri	打印服务的 ROSRPC uri。

9. rossrv

rossrv 是用于显示有关 ROS 服务类型的命令行工具,与 rosmsg 使用语法高度相似,其相关命令包括:

rossrv show	显示服务消息详情。
rossrv info	显示服务消息相关信息。
rossrv list	列出所有服务信息。
rossrv md5	显示 md5 加密后的服务消息。
rossrv package	显示某个包下所有服务消息。
rossrv packages	显示包含服务消息的所有包。

10. rosparam

rosparam 包含 rosparam 命令行工具,用于使用 YAML 编码文件在参数服务器上获取和设置 ROS 参数,其相关命令包括:

rosparam set	设置参数。
rosparam get	获取参数。
rosparam load	从外部文件加载参数。
rosparam dump	将参数写出到外部文件。
rosparam delete	删除参数。
rosparam list	列出所有参数。

知识与能力拓展

一、ROS 2 简介

ROS 2 是第二代机器人操作系统(Robot Operating System),它是在 ROS 1 的基础上,从底层全面重新开发的新一代机器人操作系统。它继承了 ROS 1 强大的生态,同时采用了全新的架构设计,使得 ROS 2 满足现代机器人系统的实时性、安全性、标准性、可靠性等要求。ROS 2 主要由以下几个部分组成。

1)DDS(Data Distribution Service):一种分布式数据通信标准,用于实现不同节点之间的数据交换。

2)rcl(ROS Client Library):一种抽象层,用于封装 DDS 和提供 ROS 2 核心功能,如节点、话题、服务等。

3)rclcpp 和 rclpy:两种不同语言(C++ 和 Python)的客户端库,用于调用 rcl 接口和编写 ROS 2 应用程序。

4)rmw(ROS Middleware Interface):一种中间件接口,用于连接 rcl 和 DDS,并支持多种 DDS 实现。

5)ros2cli:一种命令行工具集,用于管理和调试 ROS 2。

二、ROS 2 特点

相较于 ROS1，ROS2 在底层操作系统、中间层、应用层等方面都有所改善，其特点对比如图 2-2-18 所示。

（1）底层操作系统　ROS 1 主要构建于 Linux 操作系统上，而 ROS 2 支持的系统则增加了 Windows、Mac、RTOS，甚至是没有操作系统的裸机。

（2）中间层　ROS 中通过节点这一概念，让开发者可以并行地开发松耦合的功能模块，以便于代码复用。ROS 1 中的通信模式基于 TCPROS/UDPROS，而 ROS 2 中的通信系统基于 DDS。DDS（数据分发服务）是一种专门为实时系统设计的数据分发/订阅标准。它以零复制的方式分发数据，节省了 CPU 和内存资源，同时能达到实时通信的效果。

（3）应用层　ROS 1 中的节点管理依赖于 ROS Master，而一旦 Master 宕机，整个系统就会面临无法运行的场面。在 ROS 2 的架构中，删除了 Master 这一概念，改用"Discovery"的发现机制来帮助节点间彼此建立连接，这种彼此的强连接解决了因为一个节点出错便影响全局的问题。

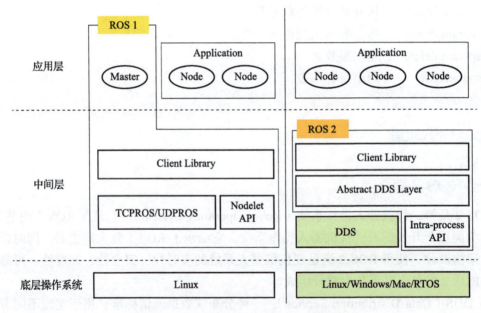

图 2-2-18　ROS 1 与 ROS 2 特点对比

强化练习

1. 一般来说，用 C++ 编写的源码是放在 ROS 工作空间 catkin_ws/src 下面的哪个文件夹中？（　　）

   A. launch　　　　　　　　　　B. src
   C. scripts　　　　　　　　　　D. config

2. 一般来说，用 Python 编写的源码是放在 ROS 工作空间 catkin_ws/src 下面的哪个文件夹中？（　　）
   A. launch   B. src
   C. scripts   D. config
3. 在 ROS 的工作空间下，源码是放在 catkn_ws 下哪个文件夹中？（　　）
   A. src   B. devel
   C. build   D. 以上都不是
4. 以下哪项组件是用来进行 ROS 仿真的？（　　）
   A. rviz   B. rqt
   C. rosbag   D. gazebo
5. 如果想可视化 ROS 下功能包的数据，一般用以下哪项实现？（　　）
   A. rviz   B. rqt
   C. rosbag   D. gazebo
6. 在终端命令下，如果想直接查看某个功能包下面的文件目录，可以通过以下哪类命令实现？（　　）
   A. rosrun   B. rosls
   C. rosparam   D. roscd
7. 在终端命令下，如果想直接切换到功能包下，可以通过以下哪类命令实现？（　　）
   A. rosrun   B. rosls
   C. rosparam   D. roscd
8. 在命令终端窗口，在当前目录下创建一个 catkin_ws/src 的文件夹，需要输入的指令是_____。
9. ROS 的环境变量配置文件是_____。
10. ROS Melodic 的工作空间下面的代码编译命令是_____。
11. 和 Ubuntu18.04 所对应的 ROS 版本代号是_____。
12. ROS 常用的组件工具有哪些？功能分别是什么？

项目三
智能网联汽车传感器装调

任务一　雷达传感器安装与调试

学习目标

知识目标

1）掌握激光雷达、毫米波雷达和超声波传感器等雷达传感器的结构组成、分类、原理、特点和功用。

2）掌握激光雷达、毫米波雷达和超声波传感器的电路原理、连接方法和网络配置等。

能力目标

1）能对各种雷达传感器进行标定，并对标定参数进行读取。

2）能对雷达传感器的原始数据进行获取与查看。

3）能判断雷达传感器的功能是否正常，并进行调试。

素养目标

1）通过分组实训任务，培养学生的团队组织、分工协作和沟通协商等职业素养。

2）通过分组实训任务，培养学生发现问题、分析问题和解决问题的思维习惯。

任务描述

传感器作为智能网联汽车感知环境的数据来源，是智能网联汽车非常重要的组成部分。在项目一中，我们已经对智能网联汽车的传感器有了一个整体的认识，本项目中我们开始深入各种传感器原理、特点与应用的学习，并在此基础上完成对各传感器的安装、数据获取、标定、调试操作。

在此任务部分，我们将对激光雷达的定义、分类、原理、特点和应用等理论知识进行学习。在此基础上，完成单线和多线激光雷达电气连接、驱动编译、参数配置、数据获取和数据可视化等装调操作。通过本任务的学习，你将具备激光雷达传感器的装调能力，为将来智能网联车辆装调工作打下基础。

任务准备

汽车雷达传感器可分为超声波传感器、毫米波雷达、激光雷达等。各传感器的原理不同，其性能特点也有所区别，可用于实现不同的功能。由于超声波传感器与毫米波雷达已经广泛应用于汽车，本任务只对激光雷达进行讲解。

激光雷达传感器的认知

1. 定义

激光雷达（Light Detection and Ranging，LiDAR）是一种主动传感器，它主动发射电磁波激光束，探测反射波，通过计算反射时间和反射波特征探测目标的距离和速度等信息。一般选用 700~1100nm、1550~1750nm 这两个波段的红外光源。1550nm 光纤激光器可解决人眼安全问题，虽然受限于激光功率，也可实现远距离测距，但目前 1550nm 激光器比较昂贵，民用成本过高。

2. 原理

（1）三角测距法　激光器发射一束激光，被物体 A 反射后，照射到图像传感器的 A′，这样就形成了一个三角形，通过解算可以求出物体 A 到激光器的距离，其原理如图 3-1-1 所示。激光束被不同距离的物体反射后，形成不同的三角形。物体距离不断变远，反射激光在图像传感器上的位置变化会越来越小，也就是越来越难以分辨。这正是三角测距的一大缺点，物体距离越远，测距误差越大。

（2）飞行时间（TOF）测距法　激光器发出激光时，计时器开始计时，接收器接收到反射回来的激光时，计时器停止计时，得到激光传播的时间后，通过光速一定这个条件，很容易计算出激光器到障碍物的距离，其原理如图 3-1-2 所示。由于光速传播太快，要获取精确的传播时间太难，所以这种激光雷达自然而然成本也会高很多，但是测距精度很高。

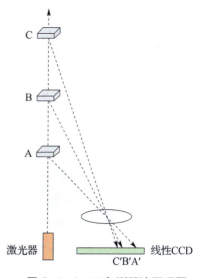

图 3-1-1　三角测距法原理图

图 3-1-2　飞行时间（TOF）测距原理图

（3）调频连续波（FMCW）测距法　与 TOF 路线不同，FMCW 主要通过发送和接收连续激光束，把回光和本地光进行干涉，并利用混频探测技术来测量发送和接收的频率差异，再通过频率差换算出目标物的距离，其原理如图 3-1-3 所示。具体地说，激光束击中目标物后被反射，而反射会影响光的频率；如果目标物向车辆靠近，频率会升高；如果目标物远离车辆，则频率会降低。当反射光返回到探测器，将其频率与发射时的频率相比，就能测量两种频率之间的差值，从而计算出物体的距离信息。简言之，TOF 使用时间来测量距离，而 FMCW 使用频率来测量距离。

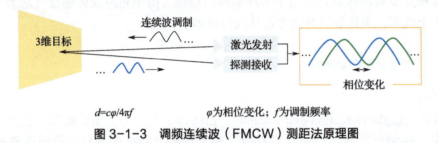

$d=c\varphi/4\pi f$　　　φ 为相位变化；f 为调制频率

图 3-1-3　调频连续波（FMCW）测距法原理图

3. 分类

（1）机械与固态激光雷达　按照扫描方式不同，激光雷达可以分为机械激光雷达和固态激光雷达。

1）机械激光雷达：机械激光雷达使用机械部件旋转来改变发射角度，这样导致体积过大，加工困难，且长时间使用电机损耗较大，其结构如图 3-1-4 所示。但由于机械激光雷达是最早开始研发的，所以现在成本较低，大多数无人驾驶公司使用的都是机械激光雷达。虽然目前测试车辆搭载的激光雷达大多为机械式，但是它们调试、装配工艺复杂，生产周期长，并且机械部件寿命不长（1000~3000h），难以满足苛刻的车规级要求（至少 1 万 h 以上），因此激光雷达量产商都在着手开发性能更好、体积更小、集成化程度更高并且成本更低的激光雷达，由混合固态过渡到纯固态是激光雷达必然的技术发展路线。

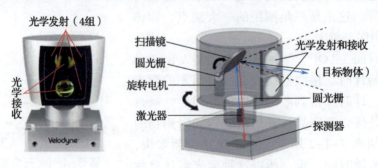

图 3-1-4　机械激光雷达结构

固态激光雷达由于不存在旋转的机械结构，所有的激光探测水平和垂直视角都是通过电子方式实现的，并且由于装配调试可以实现自动化，量产可大幅降低成本，也提高了设备的耐用性，因此固态激光雷达是必然的技术发展路线。不过固态激光雷达的技术路线尚未定型，主要分为 MEMS、OPA 和 3D Flash 三类。

2）微机电系统（Micro-Electro-Mechanical System，MEMS）激光雷达：应用 MEMS 微振镜取代电机带动的振镜，实现对激光偏转方向的控制，从而实现场景扫描。这种雷达具有扫描速度快、系统稳定性高的优点。它将原本激光雷达的机械结构通过微电子技术集成到硅基芯片上，本质上而言 MEMS 激光雷达是一种混合固态激光雷达，并没有做到完全取消机械结构。MEMS 激光雷达体积小、重量轻、功耗小、动态响应速度快、成本低、易于大批量生产。其缺点是没有解决接收端的问题，光路较复杂，仍然存在微振镜的振动，这个结构会影响整个激光雷达部件的寿命，并且激光扫描受微振镜面积限制，与其他技术路线在扫描范围上有一定差距。另外，MEMS 激光雷达还存在以下缺点：微振镜性能研究尚不成熟，如温度漂移、非线性等性质有待研究；微振镜尺寸限制通光口径，测远能力有限；微振镜的一致性和产品寿命始终无法得到保证。典型企业和产品有 Velodyne 的 Velarray 系列、LeddarTech、Innoluce、Innoviz、Fujitsu、Toyota、Draper。

3）相控阵（optical phased array，OPA）激光雷达：OPA 激光雷达的原理是多处振动产生的波相互叠加，有的方向互相增强，有的方向互相抵消，采用多个光源组成阵列，通过控制各光源发射的时间差，可以合成角度灵活、精密可控的主光束，其原理如图 3-1-5 所示。这种雷达的优点是没有任何机械部件，结构相对简单、精度高、体积小、成本低，雷达精度可以做到毫米级。此外，OPA 激光雷达还具有扫描速度快、系统稳定性高的优点。OPA 激光雷达顺应未来激光雷达固态化、小型化、低成本化的发展趋势，非常适合应用在无人驾驶领域。其劣势是在主光束以外会形成"旁瓣"，导致能量分散，并且阵列单元尺寸小于 500nm，对加工精度要求高，扫描角度有限，接收端薄弱，接收面大、信噪比较差。典型企业和产品有 Quanergy 的 S3。

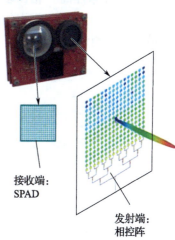

图 3-1-5　相控阵激光雷达工作原理（Quanergy）

4）3D Flash 激光雷达：3D Flash 激光雷达以一次脉冲向全视野发射，利用飞行时间成像仪接收反射信号并成像，发射的激光波长是关键因素，其成像效果如图 3-1-6 所示。如果使用 905nm，虽然成本较低，但功率受限，因此探测距离不够远。若使用 1550nm，在接收上需要更高成本的探测器，目前尚没有商用条件。也有一批厂商采用 Flash 技术路线，它平衡了成本和人眼保护形成一套解决方案。典型企业和产品有 LeddarTech 的 LCA3、ESPROS 的 EPC660/635 系列、TI 的 OPT8241 等。

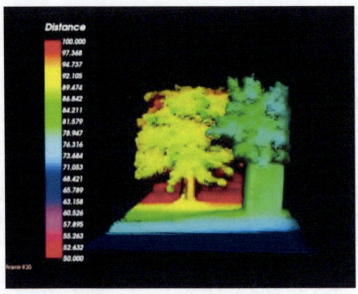

图 3-1-6　3D Flash 激光雷达成像

（2）单线与多线激光雷达　按照线数不同，激光雷达可以分为单线与多线激光雷达。

1）单线激光雷达：单线激光雷达实际上就是一个激光发射器（发出的线束是单线）再加一个旋转扫描仪，扫描出来的是一个二维平面图，如图 3-1-7 所示。这种雷达目前主要应用于机器人领域，以服务机器人居多，可以帮助机器人规避障碍物，其扫描速度快、分辨率强、可靠性高。相比多线激光雷达，单线激光雷达在角频率及灵敏度上反应更快捷，所以，在测试周围障碍物的距离和精度上都更加精准。但单线激光雷达只能进行平面式扫描，不能测量物体高度。

 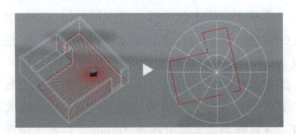

a）单线激光雷达结构　　　　　　b）单线激光雷达测距效果示意图

图 3-1-7　单线激光雷达

2）多线激光雷达：多线激光雷达是指同时发射及接收多束激光的激光旋转测距雷达，市场上目前有 4 线、8 线、16 线、32 线、64 线和 128 线之分。多线激光雷达可以识别物体的高度信息并获取周围环境的 3D 扫描图，如图 3-1-8 所示。其主要应用于无人驾驶领域。

4. 特点

（1）优点

1）分辨率高。激光雷达可以获得极高的角度、距离和速度分辨率，这意味着激光雷达可以利用多普勒成像技术获得非常清晰的图像。

a）多线激光雷达测距范围

b）多线激光雷达探测效果示意图

图 3-1-8　多线激光雷达

2）精度高。激光直线传播，方向性好，光束非常窄，弥散性非常低，因此激光雷达的精度很高。

3）抗有源干扰能力强。与微波、毫米波雷达易受自然界广泛存在的电磁波影响的情况不同，自然界中能对激光雷达起干扰作用的信号源不多，因此激光雷达抗有源干扰的能力很强。

（2）缺点

1）当天气条件恶劣，如大雪大雾等，会对激光造成影响，使得准确性下降。

2）激光雷达难以分辨交通标志的含义和红绿灯的颜色。

3）激光雷达接收的是光信号，容易受太阳光、其他车辆的激光雷达等光线影响。

4）目前激光雷达成本较高。

上述前两点是激光雷达特性，较难改变，因此仍需毫米波雷达和摄像头等其他传感器融合使用。

5. 应用

1）基于激光雷达的障碍物检测、分类、跟踪，如图 3-1-9 所示。

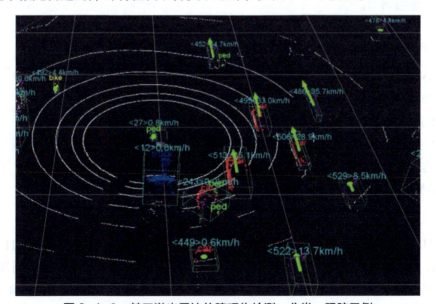

图 3-1-9　基于激光雷达的障碍物检测、分类、跟踪示例

通过多线激光雷达可以扫描到汽车周围环境的3D模型，运用相关算法对比上一帧及下一帧环境的变化，能较为容易地检测出周围的车辆及行人。

2）基于激光雷达进行建图与定位（SLAM）。SLAM（Simultaneous Localization and Mapping）通常是指在机器人或者其他移动载体上，通过对传感器采集的数据进行计算，生成对其自身位置姿态的定位和场景地图信息的系统，其工作示例如图3-1-10所示。

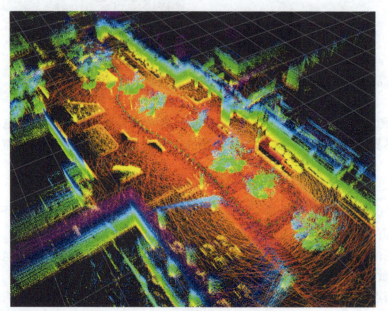

图3-1-10　激光雷达建图与定位示例

任务实施与评价

一、单线激光雷达安装与调试

RPLIDAR是思岚科技（SLAMTEC）自主研发的激光雷达，目前有A1和A2两款成熟的商业激光雷达产品。两款产品均可从官网获取相应的SDK和开发指导文档。RPLIDAR是低成本的二维雷达解决方案，由SLAMTEC公司的RoboPeak团队开发。本次学习用的是RPLIDAR A1型号激光雷达，它能扫描360°、6m半径的范围，适合构建地图、SLAM和建立3D模型。

单线激光雷达安装与调试

1. RPLIDAR A1模组

RPLIDAR A1开发套装（图3-1-11）中包含了标准版本的RPLIDAR模组（A1M1-R1）。同时，模组内集成了可以使用逻辑电平（3.3V）驱动的电机控制器。开发者可以使用该电机驱动器用PWM信号对电机转速进行控制，从而控制RPLIDAR A1扫描的频率或者在必要时刻关闭电机节能。

图 3-1-11　RPLIDAR A1 单线激光雷达

开发套装包含一个 USB 适配器模块（图 3-1-12），用于对 RPLIDAR 模组进行供电驱动，并使用 USB 接口与 PC 等外部设备进行通信。只要使用配套的通信排线与 RPLIDAR 模组相连，用户只需要一条 USB 线缆即可使用 RPLIDAR。

图 3-1-12　RPLIDAR A1 单线激光雷达 USB 适配器模块

2. 设备连接

将开发套装中提供的信号连接排线分别与 RPLIDAR A1 模组及 USB 适配器进行连接。RPLIDAR A1 模组的对应接口插座位于模组的底部，如图 3-1-13 所示。

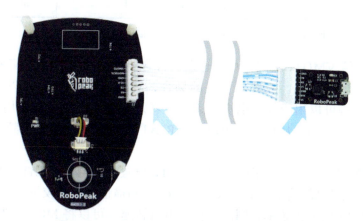

图 3-1-13　RPLIDAR A1 单线激光雷达电气连接

将 USB 适配器通过 Micro-USB 线缆与 PC 连接，如图 3-1-14 所示。如果 PC 已经启动，在 USB 线缆连接后，可以观测到 RPLIDAR A1 底部的电源指示灯点亮，并且

RPLIDAR A1 开始转动。

图 3-1-14　RPLIDAR A1 单线激光雷达适配器 USB 接口

开发套装中 RPLIDAR A1 模块底部使用 5267-7A 规范的 2.5mm 间距 7 针插座。用户可以使用带有符合 5264-7 规范端子的排线与其连接，其引脚定义如图 3-1-15 所示。

编号	信号名	类型	描述	最小值	典型值	最大值
P1	VMOTO	供电	RPLIDAR A1 扫描电机供电	-	5V	9V
P2	MOTOCTL	输入	RPLIDAR A1 扫描电机使能 /PWM 控制信号（高电平有效）	0V	-	VMOTO
P3	GND	供电	RPLIDAR A1 扫描电机地线	-	0V	-
P4	V5.0	供电	RPLIDAR A1 测距核心供电	4.9V	5V	6V
P5	TX	输出	RPLIDAR A1 测距核心串口输出	0V	-	5V
P6	RX	输入	RPLIDAR A1 测距核心串口输入	0V	-	5V
P7	GND	供电	RPLIDAR A1 测距核心地线	-	0V	-

图 3-1-15　RPLIDAR A1 7 针插座及引脚定义

外部系统必须给 VMOTO 和 V5.0 同时提供符合要求的供电，才能使 RPLIDAR A1 的测距核心和扫描电机工作。在要求不高的场合，VMOTO 和 V5.0 可以共用同一组电源。MOTOCTL 引脚可以用于控制电机的运行或者定转控制，也可以使用 PWM 信号对电机的旋转速度进行调制，从而控制 RPLIDAR A1 扫描频率，其扫描频率控制原理如图 3-1-16 所示。

由于 USB 适配器中将电机控制信号 MOTOCTL 设置为高电平，因此 RPLIDAR A1 扫描电机将始终保持在最高转速下，此时 RPLIDAR A1 扫描也保持在较快的频率上。如果希望控制 RPLIDAR A1 的扫描频率，则需要控制电机转速。可以将 MOTOCTL 信号连接至具有 PWM 信号输出能力的设备中，比如 MCU 的 PWM 输出 IO 上，并通过从 RPLIDAR A1 测距核心反馈得到的当前扫描频率作为反馈，调节 PWM 的占空比。从而实现将 RPLIDAR A1 扫描频率锁定在一个希望的数值上。

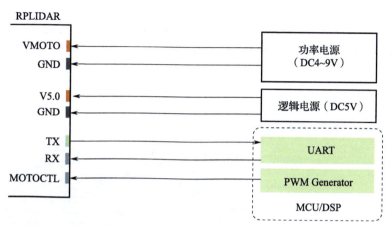

图 3-1-16　RPLIDAR A1 扫描频率控制原理

3. 驱动安装

在命令终端运行以下命令，安装激光雷达驱动。

```
cd ~/catkin_ws/src
git clone https://github.com/ncnynl/rplidar_ros.git
cd ..
catkin_make
```

4. 获得 USB 权限

在命令终端运行以下命令，获取激光雷达 USB 权限。

```
ls -l /dev /grep ttyUSB
sudo chmod a+rw /dev/ttyUSB0
```

5. 数据获取

在命令终端运行以下命令，可以启动激光雷达获取雷达数据，同时启动 rviz 对激光雷达数据进行可视化，如图 3-1-17 所示。

```
roslaunch rplidar_ros view_rplidar.launch
```

launch 文件如下，可以修改串口号坐标名称、是否反转等参数。

```
<launch>
<node name="rplidarNode"          pkg="rplidar_ros" type="rplidarNode" output="screen">
<param name="serial_port"         type="string" value="/dev/ttyUSB0"/>
<param name="serial_baudrate"     type="int"    value="115200"/>
<param name="frame_id"            type="string" value="laser"/>
```

```xml
<param name="inverted"            type="bool"    value="false"/>
<param name="angle_compensate"    type="bool"    value="true"/>
</node>
</launch>
```

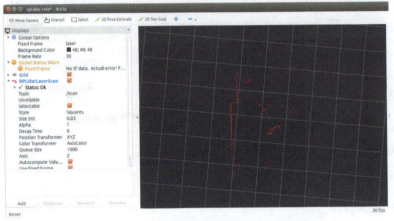

图 3-1-17　激光雷达数据获取 rviz 可视化

RPLIDAR A1 激光雷达在 ROS 下的空间坐标系如图 3-1-18 所示，rplidar 是按照顺时针旋转，SDK 数据输出是带距离和角度信息的左手坐标系数据，rplidar_ros 输出已经将其转化为右手坐标系输出。

运行 RPLIDAR node，用测试程序可以观察激光雷达的具体数据，如图 3-1-19 所示。

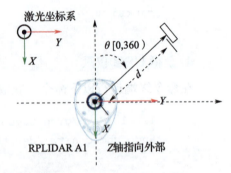

图 3-1-18　激光雷达坐标系

图 3-1-19　单线激光雷达数据解析

二、多线激光雷达安装与调试

镭神智能自主研发的 16 线激光雷达（图 3-1-20）拥有超高性价比，可用于室外无人车、汽车辅助驾驶（ADAS）、无人驾驶等领域。

- 测距精度高，准确获取物体的三维信息
- 探测距离远，最远可达 200m
- 信号具有高稳定性，可信度高
- 响应快，可应用于高速移动的情况下
- 不受光线影响，全天候监测

镭神16线激光雷达

多线激光雷达安装与调试

图 3-1-20　镭神 C16 激光雷达

1. 镭神 C16 组件

镭神 C16 组件由激光雷达、接线盒和电源适配器等组件组成，如图 3-1-21 所示。

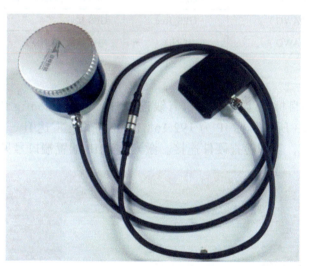

图 3-1-21　镭神 C16 组件

2. 设备连接

激光雷达组件的电气连接，如图 3-1-22 所示。

接线盒的作用是方便计算机使用雷达附带的电源适配器和以太网线直接连接雷达测试，若不需要接线盒，可以将 8 芯端子线移出接线盒，单独连接供电电源、以太网接口和 GPS 设备接口。只需将接线盒外壳拆开，断开 8 芯连接线的焊接位置，从接线盒中取出 8 芯端子线接头即可。各端子定义见表 3-1-1。

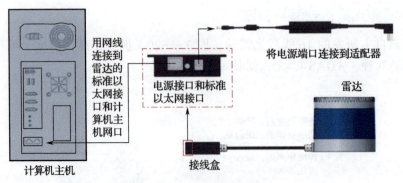

图 3-1-22 激光雷达连接

表 3-1-1 多线激光雷达 8 芯端子定义

序号	线缆的颜色和规格	定义	说明
1	红色（20AWG）	VCC	电源正极
2	浅蓝（24AWG）	TD_N	以太网发射差分负端
3	蓝色（24AWG）	TD_P	以太网发射差分正端
4	浅橙（24AWG）	RD_N	以太网接收差分负端
5	橙色（24AWG）	RD_P	以太网接收差分正端
6	黄色（20AWG）	GPS_PPS	GPS 同步秒脉冲 / 外同步秒脉冲
7	白色（20AWG）	GPS_Rec	GPS 接收
8	黑色（20AWG）	GND	电源负极（GND）

3. 雷达 IP 配置

根据雷达设置的目标 IP 设置计算机有线连接 IP，可用 ifconfig 命令查看有线 IP 是否设置成功，图 3-1-23 所示目标 IP 为 192.168.1.102。ping 雷达 IP，测试硬件是否连接正常，若 ping 通则正常，否则检查硬件连接。激光雷达 IP 配置端口号见表 3-1-2。

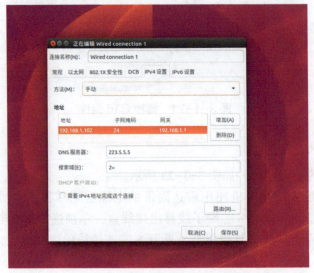

图 3-1-23 激光雷达 IP 配置

表 3-1-2　激光雷达 IP 配置端口号

设备	IP 地址	UDP 设备包端口号	
雷达	192.168.1.200	2368（固定不可配）	2369（固定不配）
计算机	192.168.1.102	2369	2368

➢ **注意：**

①设置雷达 IP 时，本地 IP 与目标 IP 不能设置为同一 IP，否则雷达将不能正常工作。

②雷达组播模式时，两个目的端口禁止设置为同一个端口号。

③连接雷达时，计算机与雷达的 IP 在不同网段时，需要设置网关；相同网段时，设置不同 IP 即可，如 192.168.1.x，子网掩码为 255.255.255。

4. 驱动安装

将获取到的驱动包复制到新建立的工作空间 catkin_ws/src 下，按照以下指令安装激光雷达驱动，并获取数据。

```
$sudo apt-get install libpcap-dev
$cd ~/catkin_ws
$catkin_make
```

5. 数据获取

在命令终端运行以下命令，激光雷达获取数据并在 rviz 中对激光雷达数据可视化。

```
$roslaunch lslidar_c16_decoder lslidar_c16.launch --screen
```

若修改了雷达目的端口及转速，请打开 lslidar_c16.launch 进行相应的修改配置，默认端口为 2368，转速为 10Hz，即 point_num 为 2000 点。该雷达在 rviz 下面的数据可视化如图 3-1-24 所示。

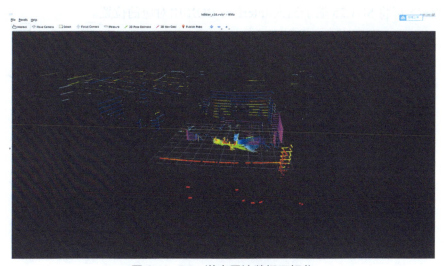

图 3-1-24　激光雷达数据可视化

知识与能力拓展

RS-LiDAR-16 安装与调试

RS-LiDAR-16（图 3-1-25）是深圳市速腾聚创科技有限公司推出的 16 线激光雷达，是世界领先的小型激光雷达，主要面向无人驾驶汽车环境感知、机器人环境感知、无人机测绘等领域。RS-LiDAR-16 集合了 16 个激光收发组件，测量距离高达 150m，测量精度 ±2cm 以内，出点数高达 300000 点 /s，水平测角 360°，垂直测角 −15°~15°。RS-LiDAR-16 通过 16 个激光发射组件快速旋转的同时发射高频率激光束对外界环境进行持续性的扫描，经过测距算法提供三维空间点云数据及物体反射率，可以让机器看到周围的世界，为定位、导航、避障等提供有力的保障。

图 3-1-25　RS-LiDAR-16

1. 电气安装

（1）设备电源　在配备接口盒使用的时候，设备供电要求电压范围 DC 9~32V，推荐使用 DC 12V。如果不使用接口盒给连接雷达的端子供电，必须使用经过稳压的 DC 12V。V4.0 及以后版本雷达将宽压功能集成在雷达内部，所以可以使用 DC 9~32V 直接给雷达供电。设备工作状态下功耗约为 12W（典型值）。

（2）电气安装　RS-LiDAR-16 激光雷达从主机下壳体侧面引出缆线（电源/数据线）的另一端使用了标准的 SH1.25 接线端子，接线端子针脚含义如图 3-1-26 所示。用户使用 RS-LiDAR-16 可将 SH1.25 端子插入 Interface BOX 中对应的位置。

编号	线色	定义	QTY
1	Blue	GPS REC	1
2	Green	GPS PULSE	1
3	Red	+12V	1
4	Yellow	+12V	1
5	White	GND	1
6	Black	GND	1
7	Brown	LiDAR Ethernet RX−	1
8	Brown white	LiDAR Ethernet RX+	1
9	Orange	LiDAR Ethernet TX−	1
10	Orange white	LiDAR Ethernet TX+	1

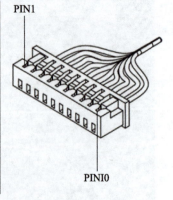

图 3-1-26　RS-LiDAR-16（电源/数据线）针脚含义

RS-LiDAR-16 使用航插接口，雷达侧面主机到航插头的线缆长度为 1m。航插接口上具体引脚定义如图 3-1-27 所示。

编号	线色	定义
1	Red	+12V
2	Yellow	+12V
3	White	GROUND
4	Black	GROUND
5	Green	GPS PULSE
6	Blue	GPS REC
7	Brown	LiDAR Ethernet RX-
8	Brown white	LiDAR Ethernet RX+
9	Orange	LiDAR Ethernet TX-
10	Orange white	LiDAR Ethernet TX+

图 3-1-27　RS-LiDAR-16 航插接口及引脚定义

（3）Interface Box 接口说明　RS-LiDAR-16 出厂默认接驳 Interface Box。

RS-LiDAR-16 附件 Interface Box（图 3-1-28）具有电源指示灯及各类接口，可接驳电源输入、网线及 GPS 输入线。其端口包含设备电源输入（DC 5.5-2.1 母座）、RS-LiDAR-16 数据输出（RJ45 网口座）以及 GPS 设备输入（SH1.0-6P 母座）。航插版接口盒线长为 3m。各接口相对应的位置如图 3-1-29 所示。

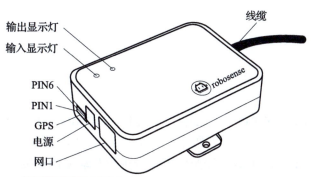

编号	V4.0及以后版本	其他版本
1	GPS PULSE	GPS REC
2	+5V	GPS PULSE
3	GND	GND
4	GPS REC	NC
5	GND	NC
6	NC	+5V

图 3-1-28　Interface Box 及接口说明

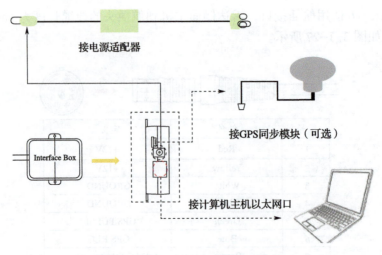

图 3-1-29　Interface Box 连接

➢ **注意**：RS-LiDAR-16 的"地"与外部系统连接时，外部系统供电电源负极（"地"）与 GPS 的"地"必须为非隔离共地系统。电源正常输入时，红色电源输入指示灯亮起；电源正常输出时，绿色电源输出指示灯亮起。当输入指示灯点亮，输出指示灯暗灭时，Interface Box 进入保护状态。如输入指示灯及输出指示灯同时暗或灭时，请检查电源输入是否正常，如电源输入正常，则 Interface Box 可能已经损坏。GPS 接口定义：GPS REC 为 GPS UART 输入；GPS PULSE 为 GPS PPS 输入。网络接口遵循 EIA/TIA568 标准。电源接口使用标准 DC 5.5-2.1 接口。

（4）Interface Box 连接　Interface Box 连接如图 3-1-29 所示。

2. 驱动安装

（1）下载并安装 libpcap-dev

```
sudo apt-get install libpcap-dev
```

（2）编译 RS-LiDAR-16 ROS Package　复制 RS-LiDAR-16 的 ros_rslidar 驱动到 ROS 工作目录 ~/catkin_ws/src 下面。最新版本的 ros_rslidar 驱动可以从 https://github.com/RoboSense-LiDAR/ros_rslidar 下载。按照以下指令进行驱动编译安装。

```
~/catkin_ws
catkin_make
```

3.IP 配置

默认 RS-LiDAR-16 固件情况下，配置计算机系统的静态 IP 地址为"192.168.1.102"，子网掩码为"255.255.255.0"，网关不需要配置。配置完成后，可以通过 ifconfig 命令查看静态 IP 是否生效。

4. 数据获取

将 RS-LiDAR-16 通过网线连接到计算机，并且上电、运行，等待计算机识别到 LiDAR 设备。使用 ros_rslidar 包里面提供的 launch 文件运行来启动实时显示数据的节点程序，该 launch 文件位于 rslidar_pointcloud/launch。打开一个终端运行：

```
cd ~/catkin_ws
source devel/setup.bash
roslaunch rslidar_pointcloud rs_lidar_16.launch
```

在另外一个终端中运行 rviz，然后设置 Fixed Frame 为 rslidar，添加 PointCloud2 类型的消息并设置 topic 为 rslidar_points，可以对激光雷达的数据进行可视化。图 3-1-30 显示了 RS-LiDAR-16 点云数据。

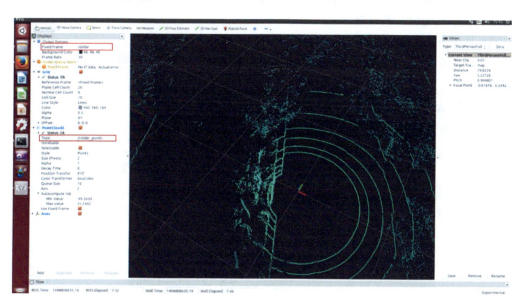

图 3-1-30　激光雷达点云数据

强化练习

1. 自动驾驶汽车应用了各种传感器，如超声波传感器、毫米波雷达、激光雷达、摄像头等，其中（　　）是唯一受气候影响最小的，具有全天候特性，这个特点是其他传感器所不具备的。
   A. 摄像头　　　　　　　　　　　B. 超声波传感器
   C. 激光雷达　　　　　　　　　　D. 毫米波雷达

2. 雷达能够主动探测周边环境，比视觉传感器受外界环境（　　），是自动驾驶汽车的重要传感器之一。
   A. 影响更小　　　　　　　　　　B. 影响更大
   C. 影响更广　　　　　　　　　　D. 影响更深

3. 激光雷达结构中主要用来接收返回光强度信息的部件是（   ）。
   A. 激光发射器　　　　　　　　　B. 扫描与光学部件
   C. 感光部件　　　　　　　　　　D. 以上均不是
4. 雨天测试激光雷达时，雨量增大，激光雷达的探测距离会（   ）。
   A. 增加　　　　　　　　　　　　B. 减小
   C. 不影响　　　　　　　　　　　D. 以上均不是
5. 激光雷达在测量物体距离和表面形状的精确度一般达到（   ）。
   A. 毫米级　　　　　　　　　　　B. 厘米级
   C. 米级　　　　　　　　　　　　D. 以上均不是
6. 关于激光雷达说法错误的是（   ）。
   A. 全天候工作，不受白天和黑夜光照条件的限制
   B. 可以获得目标反射的幅度、频率和相位等信息
   C. 不受大气和气象限制
   D. 抗干扰性能好
7. 激光雷达以激光作为载波，激光是光波段电磁辐射，波长比微波和毫米波（   ）。
   A. 长　　　　　　　　　　　　　B. 短
   C. 一样长　　　　　　　　　　　D. 以上均不是
8. 激光雷达按照扫描方式分为_____和_____。
9. 判断题：目前，激光雷达已经普遍应用安装在量产的汽车上。（   ）
10. 判断题：激光雷达每旋转一周，收集到的所有反射点坐标的集合形成点云。（   ）
11. 按照线数，激光雷达可分为_____和_____两种。
12. 简述激光雷达在智能网联汽车中的应用。

任务二　视觉传感器安装与调试

学习目标

知识目标

1）掌握单目、双目和 RGBD 等摄像头的组成、分类、原理、特点和功用。
2）掌握单目、双目和 RGBD 等摄像头的电路原理、连接方法和网络配置。
3）掌握摄像头的标定方法与步骤。

能力目标

1）能对各种视觉传感器进行标定，并对标定参数进行读取。
2）能对各种视觉传感器的原始数据进行获取与查看。
3）能对各种视觉传感器的功能是否正常进行调试。

素养目标

1)通过分组实训任务,培养学生的团队组织、分工协作和沟通协商等职业素养。
2)通过分组实训任务,培养学生发现问题、分析问题和解决问题的思维习惯。

任务描述

在此任务部分,我们将对视觉传感器的定义、分类、原理、特点和应用等理论知识进行学习。在此基础上,完成单目、双目和 RGBD 摄像头的电气连接、驱动编译、参数配置、数据获取和数据可视化等装调操作。通过本任务的学习,你将具备视觉传感器的装调能力,为将来智能网联车辆装调工作打下基础。

任务准备

一、摄像头的认知

1. 定义

车载摄像头是 ADAS 的主要视觉传感器,其镜头采集图像,由内部感光组件电路及控制组件对图像进行处理并转化为数字信号,从而感知车辆周边的路况情况、实现图像影像识别功能。

2. 原理

从结构上来看,车载摄像头的主要组成部分包括镜头、CMOS 图像传感器、数字信号处理(DSP)芯片等,整体部件通过模组组装而成,如图 3-2-1 所示。

图 3-2-1 摄像头结构

物体通过镜头(LENS)生成光学图像投射到图像传感器上,光信号转变为电信号,再经过模数转换(A/D)后变为数字图像信号,最后送到 DSP 芯片中进行加工处理,由 DSP 芯片将信号处理成特定格式的图像传输到显示屏上进行显示,如图 3-2-2 所示。

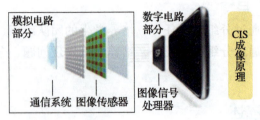

图 3-2-2 摄像头成像原理

3. 分类

（1）按照安装位置分　根据其在自动驾驶汽车上的安装位置，可以分为前视、后视和侧视等多种类型，具体见表 3-2-1。

表 3-2-1　摄像头分类、安装位置及功能

安装部位	摄像头类型	实现功能	摄像头功能描述
前视	单目 双目	FCW/LDW/TSR ACC/PCW	视角一般为 45°，双目摄像头拥有更好的测距功能，但需要装在两个位置，成本较单目贵 50% 左右
环视	广角	SVP/LDW	广角镜头，在车辆四周装备 4 个摄像头进行图像拼接实现全景图，通过算法可实现道路线感知
后视	广角	后视泊车辅助	广角或鱼眼镜头，主要为倒车后视镜摄像头
侧视	广角	BSD/代替后视镜	盲点监测主要使用超声波传感器，但目前也有使用摄像头代替的，新一代宝马 i8 使用的就是摄像头

前视摄像头可以实现 ADAS 主动安全的核心功能，如车道偏离预警、车辆识别、行人识别、道路标识识别等。前视摄像头一般安装在后视镜之后，采用 45°~55° 的镜头得到较远的有效距离。前视摄像头已经涉及主动安全，未来是自动紧急制动（AEB）、自适应巡航（ACC）等主动控制功能的信号入口，安全等级较高。

车载环视摄像头让车主通过显示屏可以直观地看到车周 360° 全景鸟瞰图，不再有任何视野盲区。车载环视全景影像泊车辅助系统在汽车周围架设能覆盖车辆周边所有视场范围的 4~8 个广角摄像头，将同一时刻采集到的多路视频图像处理成一幅车辆周边 360° 的车身俯视图，最后在中控台的屏幕上显示，让驾驶人清楚查看车辆周边是否存在障碍物并了解障碍物的相对方位与距离，帮助驾驶人轻松停泊车辆。这种方法不仅非常直观，而且不存在任何盲点，可以帮助驾驶人从容操控车辆泊车入位或通过复杂路面，有效减少剐蹭、碰撞、陷落等事故的发生。

侧视摄像头代替后视镜将成为趋势。由于后视镜的视野范围有限，当另一辆在斜后方的车位于这个范围之外就"隐身"，这个范围之外的部分称为盲区。因为盲区的存在，大大增加了交通事故发生的概率。而在车辆两侧加装侧视摄像头可以基本覆盖盲区，当有车辆进入盲区时，就会自动提醒驾驶人注意，这就是盲区监测系统。盲点检测一般使用超声波传感器或者毫米波雷达实现，目前也逐渐应用摄像头实现盲点检测。未来汽车的左右后视镜可能直接被摄像头代替。宝马 i8 概念车就直接使用摄像头代替原有的后视镜，这个方案能为车主提供更为广阔的视野，同时提供后方车辆提醒等智能驾驶辅助应用。

（2）按照功能应用分　车载摄像头按功能应用可分为行车辅助类、驻车辅助类与车内驾驶人监控三种。

1）行车辅助类：行车记录仪、车道偏离预警、开门预警、盲区监测及交通标志识别等。

2）驻车辅助类：倒车影像/360°环视。

3）车内驾驶人监控（疲劳检测）：主要针对驾驶人的疲劳、分神、不规范驾驶等危险情况进行一层或多层预警，要求在全部工况环境下（包含暗光、夜晚、逆光等）工作，且不受驾驶人衣着影响。

4. 特点

相对于其他传感器，摄像头的价格相对低廉，具有较高的图像稳定性、抗干扰能力和传输能力，有识别车辆等物体的基础能力，在汽车高级辅助驾驶市场已被规模使用。虽然摄像头分辨率高、功能齐全，但是它录入的是图像信息，数据量较大，较依赖图像识别，相比激光雷达的点云，对计算机的要求高很多，这也将提高整体成本，因此摄像头获取的图像信息主要用于交通标志识别、物体性质和颜色识别等少数领域。另外，摄像头对光线的依赖使其无法全天时（如夜晚）全路况（如隧道）工作，需要激光雷达和毫米波雷达传感器作为补充。除此之外，单目摄像头无法对非标准障碍物进行判断，距离并非真正意义上的测量，准确度较低。

相比于毫米波雷达，目前摄像头的主要优势在于：

1）在目标识别与分类方面，目前普通的3D毫米波雷达仅可以检测到前方是否有障碍物，而无法精准识别障碍物的大小和类别，例如各类车道线识别、红绿灯识别以及交通标志识别等。

2）在可通行空间检测方面，摄像头可对车辆行驶的安全边界（可行驶区域）进行划分，主要是对车辆、普通路边沿、侧石边沿、没有障碍物可见的边界、未知边界进行划分。

3）在横向移动目标的探测能力方面，摄像头可对十字路口横穿的行人以及车辆进行探测和追踪。

4）在定位与地图创建方面，即视觉SLAM技术，虽然目前也有用毫米波雷达进行SLAM，但视觉SLAM技术更加成熟，也更有应用前景。

在自动驾驶系统中，摄像头与激光雷达的感知作用比较类似，但相比激光雷达，其优势为：可以进行红绿灯识别及交通标志识别；成本优势，且算法及技术成熟度比较高；物体识别率高。其劣势为：受天气、光照变化影响大，极端恶劣天气下视觉传感器会失效；测距/测速性能不如激光雷达和毫米波雷达。在具体应用中一般都会进行融合。

5. 应用

摄像头技术最为成熟，车载应用起步最早，是ADAS阶段绝对主流的传感器。根据功能不同可配置4~8个摄像头，应用在车道监测、盲点监测、障碍物监测、交通标志识别、行人识别、疲劳驾驶监测、倒车影像、360°全景影像等。车载摄像头是实现众多预警、识别类ADAS功能的基础，是目前最便宜也是最常用的车载传感器之一。摄像头可以识别车辆行驶环境中的车辆、行人、车道线、路标、交通标志、交通信号灯等。

车载摄像头是 ADAS 的基础传感器，是获取图像信息的前端，图像信息被获取之后在视觉处理芯片上通过各类算法进行处理，提取有效信息后进入决策层用于决策判断。车载摄像头具有目标识别能力，应用了机器学习和人工智能算法的图像识别技术让自动驾驶汽车可以分辨道路上的车道、车辆、行人和交通标志等，是自动驾驶汽车进行决策的重要依据。以交通标志的识别为例，车载摄像头在图像采集之后，经过图像预处理、图像分割检测、图像特征提取和图像识别等步骤，最终提取交通标志上的有效信息。在目标识别的基础上，车载摄像头可以实现测距和测速等功能。单目摄像头可以在图像匹配识别目标物体之后，通过其在图像中的大小去估算目标距离；双目或者多目摄像头则可以直接通过视差计算进行测距。距离测算为自动驾驶汽车的碰撞预警、自适应巡航等功能提供决策数据源。

二、深度摄像头认知

1. 定义

深度摄像头又称为深度相机或 3D 相机，顾名思义，就是通过该相机能检测出拍摄空间的景深距离，也就是三维的位置和尺寸信息，使得整个计算系统获得环境和对象的三维立体数据。这也是它与普通摄像头最大的区别。

2. 原理

（1）结构光（Structured-light） 其基本原理是，通过近红外激光器，将具有一定结构特征的光线投射到被拍摄物体上，再由专门的红外摄像头进行采集，这种具备一定结构的光线，会因被拍摄物体的不同深度区域，而采集到不同的图像相位信息，然后通过运算单元将这种结构的变化换算成深度信息，以此来获得三维结构，如图 3-2-3 所示。

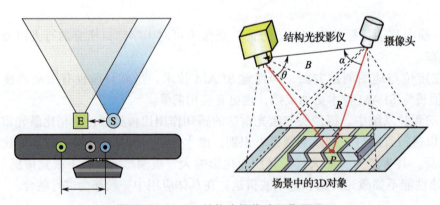

图 3-2-3　3D 结构光摄像头工作原理

（2）TOF　顾名思义就是测量光飞行时间来获得距离，具体而言就是通过给目标连续发射激光脉冲，然后用传感器接收反射光线，通过探测光脉冲的飞行往返时间来得到确切的目标物距离，其结构组成如图 3-2-4 所示。其原理与 3D 结构光的区别如图 3-2-5 所示。

图 3-2-4 TOF 摄像头组成

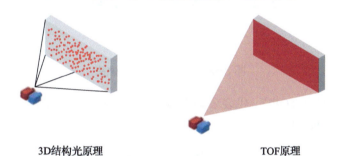

图 3-2-5 3D 结构光原理与 TOF 原理对比

（3）双目立体视觉 双目立体视觉（Binocular Stereo Vision）是机器视觉的一种重要形式，它是基于视差原理并利用成像设备从不同的位置获取被测物体的两幅图像，通过计算图像对应点间的位置偏差，来获取物体三维几何信息的方法，其结构及原理如图 3-2-6 所示。

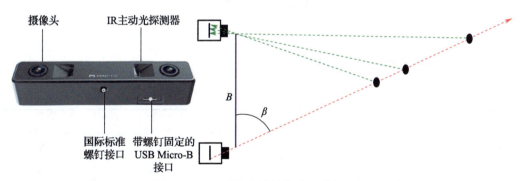

图 3-2-6 双目立体摄像头组成与原理

3. 分类

深度摄像头按工作原理可分为结构光、TOF 和双目摄像头三种。

1）结构光（Structured-light），代表公司有奥比中光、苹果（Prime Sense）、微软（Kinect-1）、英特尔（RealSense，如图 3-2-7 所示）、Mantis Vision 等。

图 3-2-7　结构光摄像头

2）双目视觉（Stereo），代表公司有 Leap Motion、ZED（图 3-2-8）、大疆。

图 3-2-8　双目视觉摄像头

3）光飞行时间法（TOF），代表公司有微软（Kinect-2，如图 3-2-9 所示）、PMD、SoftKinect、联想（Phab）。

图 3-2-9　TOF 摄像头

4. 特点

不同类型的深度摄像头特点见表 3-2-2。

表 3-2-2　不同类型深度摄像头特点对比

双目方案	精度	人脸物体识别	黑暗环境	室外
纯双目	一般	√	×	√
结构光	较好	√	√	×
TOF	一般	√	√	×
双目+惯导+结构光	好	√	√	√

立体摄像头相比单目摄像头有两点优势：一是没有识别率的限制，因为从原理上来说立体摄像头无须识别出障碍物的类型再根据大小进行距离的计算；二是精度更高，通过视差算法直接计算出物体的距离。不论是单目摄像头还是深度摄像头，都没办法在能见度较

差的恶劣天气环境下工作。这一点是摄像头系统相较雷达系统的主要劣势。

5. 应用

斯巴鲁 EyeSight 视驭驾驶辅助系统是通过双目立体摄像头有效地掌握环境状况，必要时进行主动制动的驾驶辅助系统。斯巴鲁很早就提出了提前预测危险、减轻碰撞伤害的"预防安全"理念，并以此为基础进行系统开发。EyeSight 视驭驾驶辅助系统的功能如图 3-2-10 所示。

预防碰撞技术　　辅助跟车技术　　预防误操作技术　　车道偏离预警技术　　警报提示技术

图 3-2-10　EyeSight 视驭驾驶辅助系统的功能

1）预防碰撞。防碰撞制动功能会在检测到车辆与前方障碍物存在较高碰撞风险时自动对车辆进行制动，避免碰撞事故的发生。系统在 1~200km/h 车速范围内处于工作状态，可以避免与前车相对速度小于 50km/h 的碰撞事故发生，避免与前方行人相对速度小于 35km/h 的碰撞事故发生。

2）预防误操作。起步加速踏板误操作预防功能可以利用双目摄像头识别前方，一旦系统识别到前方有障碍物，驾驶员踩下加速踏板，将被系统判断为加速踏板误操作，车辆会通过警示音和警示信息提醒驾驶员，同时控制发动机动力输出，缓慢起步。这对于新手来说是个提升车辆安全性的实用功能。

3）辅助跟车。全车速范围自适应巡航能够在设定好巡航速度和跟车距离后，在 0~180km/h 车速范围内自动控制车辆的跟车速度，并能跟车至停止。如果车辆前方空旷，车辆就会自动加速到巡航速度；如果遇上交通拥堵或前车变道加塞，系统会自动控制车辆速度，与前车保持预设的距离。

4）车道偏离预警。车道偏离预警提示会在车辆偏离车道时通过提示音和仪表板信息提示提醒驾驶人注意。当驾驶人出现驾驶疲劳，无法很好控制方向盘时，车辆可能会在车道内左右摆动以蛇行的路线行驶，此时车辆摆动警告系统也会提醒驾驶人注意。

5）车辆起步提醒。当交通灯转绿后，前车已经起步，如果驾驶人没有注意，车辆起步提示系统会提醒驾驶人注意，以免耽误后车起步。

任务实施与评价

一、单目摄像头安装与调试

1. 摄像头驱动包安装与编译

复制 usb_cam 源码包到工作空间的 src 下面，然后运行以下代码进行编译。

单目摄像头安装与调试

```
cd ~/catkin_ws/src
git clone https://hub.fastgit.org/ros-drivers/usb_cam.git
cd ..
catkin_make
```

2. 获取摄像头图像

安装完成后，在命令终端运行以下命令来打开摄像头。

```
roslaunch usb_cam usb_cam-test.launch
```

下面是运行 launch 文件的内容：

```
<launch>
  <node name="usb_cam" pkg="usb_cam" type="usb_cam_node" output="screen" >
    <param name="video_device" value="/dev/video0" /># 此处可以修改摄像头的 id 号
    <param name="image_width" value="640" />
    <param name="image_height" value="480" />
    <param name="pixel_format" value="yuyv" />
    <param name="camera_frame_id" value="usb_cam" />
    <param name="io_method" value="mmap"/>
  </node>
  <node name="image_view" pkg="image_view" type="image_view" respawn="false" output="screen">
    <remap from="image" to="/usb_cam/image_raw"/>
    <param name="autosize" value="true" />
  </node>
</launch>
```

第一个节点是启动了一个在 usb_cam 功能包下的 usb_cam_node 节点，该节点的作用是驱动摄像头，配置摄像头的参数，驱动完成以后，通过话题将它发布出来；第二个节点是启动了一个在 image_view 功能包下的 image_view 节点，这个是 ROS 提供的一个小的可视化界面的功能，就是执行 launch 文件之后看到的界面，启动之后它会订阅一个话题，并把话题中的图像渲染出来，就是我们看到的图像页面。

3. 摄像头标定

摄像头是一种非常精密的光学仪器，它对外界环境的感知是非常敏感的。由于摄像头内部和外部结构的原因，生成的物体图像常常会发生一定的畸变，如鱼眼摄像头，畸变是非常大的，如果直接将采集到的图像进行处理，会产生很大的问题，为了避免数据源造成的误差，需要针对摄像头的参数进行标定。

1）安装标定功能包。标定包是 ROS 自带的 package，不需要安装。如果未安装，可以在命令终端运行以下指令进行安装。

```
$sudo apt-get install ros-melodic-camera-calibration
```

2）启动标定程序。先启动摄像头，然后再运行下面的代码，其中参数 size 8x6（注意是字母 x）是棋盘内部角点个数，square 为棋盘正方形边长（单位是米）。

```
$rosrun camera_calibration cameracalibrator.py --size 8x6 --square 0.024
    image: =/usb_cam/image_raw camera: =/usb_cam
```

3）摄像头标定。摄像头标定界面如图 3-2-11 所示，注意刚刚开始标定的时候，CALIBRATE 按钮是灰色的。X 表示标定板在视野中的左右位置；Y 表示标定板在视野中的上下位置；Size 表示标定板在视野中占的尺寸大小，也可以理解为标定板离摄像头的远近；Skew 表示标定板在视野中的倾斜位置。

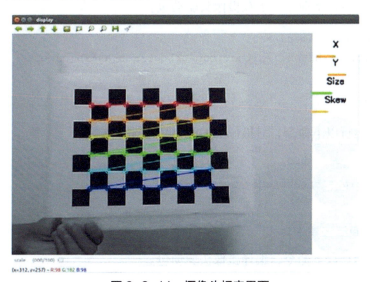

图 3-2-11　摄像头标定界面

在 X、Y、Size 和 Skew 四个方向上不断慢慢移动标定板，直到 CALIBRAT 按钮变亮，如果标定完成，就可以单击这个按钮，此时标定界面会变成灰色，无法操作。可以等待一段时间，不要做任何操作，直至 COMMIT 按钮变亮。单击 COMMIT 按钮将结果默认保存到文件中，运行 usb_cam 的终端窗口会输出标定信息，下次重启 usb_cam 时，就会自动调用标定保存的 head_camera.yaml 文件。

二、RGBD 摄像头安装与调试

下面结合奥比中光 Orbbec Astra Pro 深度摄像头（图 3-2-12）讲解 RGBD 摄像头的安装与调试。

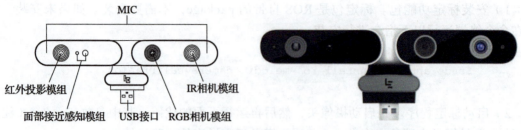

图 3-2-12 奥比中光 Orbbec Astra Pro 深度摄像头

1. 安装依赖

在命令终端运行以下命令,安装摄像头依赖。

```
$sudo apt install ros-melodic-rgbd-launch ros-melodic-libuvc ros-melodic-libuvc-camera ros-melodic-libuvc-ros
```

2. 下载功能包

在命令终端运行以下命令,下载摄像头驱动包。

```
$cd catkin_camera/src
$git clone https://github.com/orbbec/ros_astra_camera
```

3. 创建 Astra udev rule,绑定 USB

在命令终端运行以下命令,对摄像头 USB 端口进行绑定。

```
$roscd astra_camera
$./scripts/create_udev_rules
```

4. 在工作空间编译摄像头

在命令终端运行以下命令,编译摄像头驱动包。

```
$cd ~/catkin_ws
$catkin_make --pkg astra_camera
```

5. 启动使用 Astrapro

在命令终端运行以下命令,启动深度摄像头。

```
$ roslaunch astra_camera astrapro.launch
```

这个命令运行后可以使用 rviz 和 image_view 进行原始图像和深度图像可视化。在终端输入 rviz,订阅相机的图像话题就可以看到相关图像,也可以直接使用 rqt_image_view 命令进行显示。

三、双目摄像头安装与调试

下面结合 MYNT-EYE 讲解双目摄像头的安装与调试。

1. 获取驱动包

在命令终端运行以下命令，下载摄像头驱动包。

```
$git clone https://github.com/slightech/MYNT-EYE-SDK-2.git
```

2. 安装依赖

在命令终端运行以下命令，安装摄像头驱动依赖。

```
$cd MYNT-EYE-SDK
$make init
```

3. 编译并安装

在命令终端运行以下命令，编译并安装摄像头驱动。

```
$cd MYNT-EYE-SDK
$make install
```

4. 编译 ROS 驱动

把 sdk 下的 wrappers/ros/src/mynt_eye_ros_wrapper 文件夹复制到 ROS 工作空间下的 src 中，并在命令终端运行以下命令，编译摄像头的 ROS 驱动。

```
$cd ~/catkin_ws/
$catkin_make
```

5. 启动摄像头

编译完成后，在命令终端运行以下命令，启动摄像头。然后可以在 rviz 或者 rqt 中对摄像头的原始图像和深度图像进行查看。

```
$roslaunch mynteye_ros_wrapper display.launch
```

知识与能力拓展

ZED2 安装与调试

ZED 是第一款使用神经网络再现视觉的立体摄像头从传感器到软件，ZED 2（图 3-2-13）

摄像头都采用了尖端技术，将空间感知提升到一个全新的水平。

图 3-2-13　ZED2 摄像头

ZED 2 内置 IMU、气压计和磁力计，多传感器，使捕获变得简单。沿图像和深度实时收集同步的惯性、高程和磁场数据，凭借其 16∶9 原生传感器和超锐利的全玻璃镜头，能够以高达 120°的视野捕捉视频和深度；将 AI 与 3D 定位相结合，打造下一代空间感知；受益于广角视场、先进的传感器堆栈和热校准，可大大提高位置跟踪精度；可以远程监控和控制摄像头；使用专用的云平台，可在世界任何地方捕获和分析 3D 数据。

1. 驱动安装

参考 https：//www.stereolabs.com/docs/，确认 SDK 版本与 ROS 的驱动包版本是匹配的。在命令终端运行以下命令，安装最新版本的 ZED SDK。

```
$ cd ~/catkin_ws/src
$ git clone https://github.com/stereolabs/zed-ros-wrapper.git
$ cd ../
$ rosdep install --from-paths src --ignore-src -r -y
$ catkin_make -DCMAKE_BUILD_TYPE=Release
$ source ./devel/setup.bash
```

2. 测试 ZED2

在命令终端运行以下命令，启动 ZED 并查看画面，如图 3-2-14 所示。

```
$ roslaunch zed_wrapper zed2.launch
$ rosrun image_view image_view
image:=/zed2/zed_node/rgb_raw/image_raw_color
```

图 3-2-14　ZED2 摄像头数据效果

强化练习

1. 车载单目摄像头采集到的信息是（　　）图像。
   A. 一维　　　　B. 二维　　　　C. 三维　　　　D. 以上均不是
2. 车道偏离预警（LDW）是一种通过报警的方式辅助驾驶人减少汽车因车道偏离而发生交通事故的系统。车道偏离预警系统由抬头显示、摄像头、图像处理芯片、控制器以及传感器等组成，当系统检测到汽车偏离车道时，传感器会及时收集车辆数据和驾驶人的操作状态，然后由（　　）发出警报信号。
   A. 控制器　　　　　　　　　　B. 图像处理芯片
   C. 发动机　　　　　　　　　　D. 传感器
3. 判断题：双目摄像头可以测距。（　　）
4. 判断题：以自动驾驶域控制器为例，其承担了自动驾驶所需要的数据处理运算力，包括毫米波雷达、摄像头、激光雷达、组合导航等设备的数据处理，也承担了自动驾驶算法的运算。（　　）
5. 判断题：摄像头可以识别车辆行驶环境中的车辆、行人、车道线、路标、交通标志、交通信号灯等，具有较高的图像稳定性、抗干扰能力等。（　　）
6. 名词解释：深度摄像头。
7. 简述视觉传感器在智能网联汽车中的应用。
8. 叙述摄像头标定的操作流程，要求写出操作步骤和关键代码指令。

任务三　定位传感器安装与调试

学习目标

知识目标

1）掌握 GPS、IMU 和组合惯导的定位原理、特点和功用。
2）掌握 IMU、组合惯导的标定方法。
3）掌握 GPS、IMU 和组合惯导的电路原理、连接方法和网络配置。

能力目标

1）能对各种定位传感器进行标定，并对标定参数进行读取。
2）能对各种定位传感器的原始数据进行获取与查看。
3）能判断各种定位传感器的功能是否正常并进行调试。

素养目标

1）通过分组实训任务，培养学生的团队组织、分工协作和沟通协商等职业素养。

2）通过分组实训任务，培养学生发现问题、分析问题和解决问题的思维习惯。

任务描述

在此任务部分，我们将对定位传感器的定义、分类、原理、特点和应用等理论知识进行学习。在此基础上，完成 GPS、惯性导航和组合惯导等传感器的电气连接、驱动编译、参数配置、数据获取和数据可视化等装调操作。通过本任务的学习，你将具备定位传感器的装调能力，为将来智能网联车辆装调工作打下基础。

任务准备

一、GNSS 认知

1. 定义

全球导航卫星系统（Global Navigation Satellite System，GNSS）是能在地球表面或近地空间的任何地点为用户提供全天候的三维坐标、速度以及时间信息的空基无线电导航定位系统。全球导航卫星系统包括美国的全球定位系统（GPS）、中国的北斗（BDS）、俄罗斯的格洛纳斯（GLONASS）和欧盟的伽利略（GALILEO）。

2. 组成

GPS 包含三个部分：空间部分、地面监控部分、用户部分，如图 3-3-1 所示。空间部分主要是卫星群，向用户部分发送位置、时间等信息；地面监控部分主要是监视控制空间部分；用户部分接收空间部分发送的信息，根据信息计算本身的三维位置、速度和时间等。日常生活中，我们常说的 GPS 或者 GPS 传感器其实是指 GPS 用户部分，即 GPS 接收机。为叙述方便，无特别说明，一般所说的 GPS 均指用户部分。

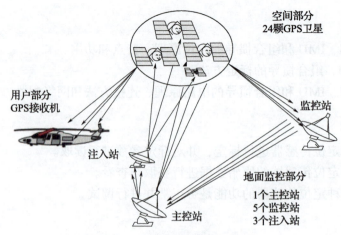

图 3-3-1　GPS 卫星系统组成

3. 原理

卫星每时每刻都在广播信号信息,它广播的信息包含两个部分:

1)卫星自身的位置。

2)卫星信号的发送时间。

地面的终端接收设备接收到卫星信号,通过对比卫星信号的发送时间和接收时间,用它们的时间差乘以光速,就得到了终端设备到卫星的距离,如图 3-3-2 所示。

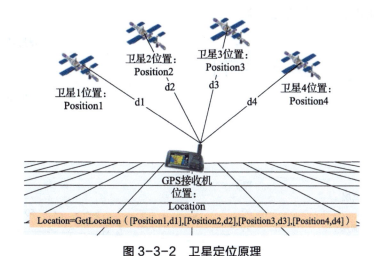

图 3-3-2 卫星定位原理

每一时刻,终端接收机与卫星的距离可以准确计算得知,卫星的位置也可以准确获得,所以要计算地球上任意一点的三维空间坐标(x, y, z),理论上只需监测到三颗卫星就可以求解 x, y, z 这三个未知数。但是在实际情况下,接收机使用的是石英钟(秒级误差),卫星使用的是原子钟(纳秒级误差),两者的精度与标准时间均存在误差,为了实现精准定位,必须借助第四颗卫星消除时间误差。

4. RTK

RTK(Real-time kinematic,实时动态)载波相位差分技术是实时处理两个测量站载波相位观测量的差分方法,将基准站采集的载波相位发给用户接收机,进行求差解算坐标,RTK 能够使卫星导航的定位精度达到厘米级,定位原理如图 3-3-3 所示。差分 GPS 可以解决定位的精度问题,但是解决不了遮挡和反射问题。

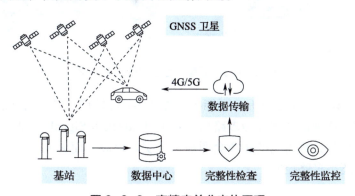

图 3-3-3 高精度差分定位原理

5. 特点

（1）定位精度不高

1）传播介质问题：根据上面的介绍，只要得到无线电信号到达四颗卫星的传播时间，就能计算得到具体的位置。在空旷且云层稀薄的情况下，无线电信号的传播时间乘以光速确实与实际的距离接近，但无线电信号的传播时间多少会受到传播介质的影响，诸如云层的稀薄情况、天气好坏等都会影响传播时间，进而影响距离的计算，如图3-3-4所示。距离不准，得到的定位结果当然也不准。

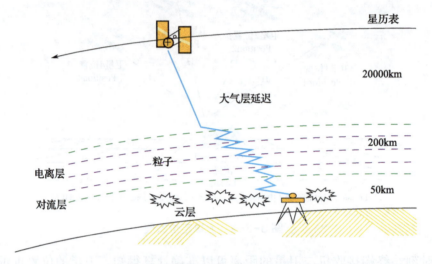

图3-3-4　传播介质对卫星定位的影响因素

2）信号丢失问题：如图3-3-5所示，GPS接收机在高楼周围、城市峡谷、停车场等环境下，很容易失去某一方向或所有的卫星信号，仅依靠另外三面的卫星信号求得定位结果，这在精度上很难满足无人驾驶的需求。

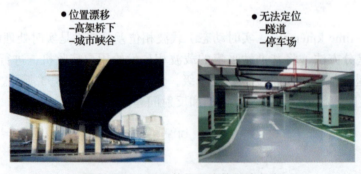

图3-3-5　卫星信号丢失的影响因素

3）多路径问题：在高楼周围也可能导致原本收不到的卫星信号，经过大楼楼体的镜面反射被接收到，这种信号被称为多路径信号（Multi-Path Signal）。从图3-3-6中可以看出，根据多路径信号计算得到的距离会明显大于实际距离。而无人车很难判断当前接收到的信号是单路径还是多路径的。

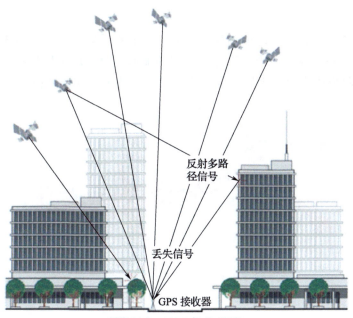

图 3-3-6　多路径信号

（2）定位频率不高　GPS 定位的频率只有 10Hz，即 100ms 才能定位一次。假设一辆汽车正以 72km/h（20m/s）的速度在路上直线行驶，GPS 定位的周期为 100ms，则一个周期后，汽车相对于前一次定位的结果移动了 20m/s×0.1s=2m，即两次的定位结果相距 2m。

如果无人车行驶在一条有曲率的路上，那就意味着，每隔 2m，才能根据自车所在的位置进行一次控制（方向盘转角、加速踏板开度等）的计算，导致无人车在实际轨迹两侧忽左忽右，无法精确地沿着轨迹行驶。

二、惯性导航认知

1. 定义

航姿参考系统（Attitude and Heading Reference System，AHRS）由加速度计、磁场计、陀螺仪构成，能够为飞行器提供偏航（Yaw）、横滚（Roll）和俯仰（Pitch）信息，这类系统用来为飞行器提供准确可靠的姿态与航行信息。AHRS 的真正参考来自于地球的重力场和地球的磁场，其静态精度取决于对磁场的测量精度和对重力的测量精度，而陀螺仪决定了它的动态性能。

惯性测量单元（Inertial Measurement Unit，IMU）可以直接测量载体相对于惯性空间的三轴加速度和三轴角速度（6-DoF）。在自动驾驶所涉及的传感器中，IMU 因其不受外部环境影响而显得特别。一个 IMU 包含了三个单轴的加速度计和三个单轴的陀螺仪，加速度计检测物体在载体坐标系统独立三轴的加速度信号，而陀螺仪检测载体相对于导航坐标系的角速度信号，这样可测量物体在三维空间中的角速度和加速度，并以此解算出物体的姿态。IMU 在导航中有着很重要的应用价值，为了提高可靠性，还可以为每个轴配备更多的传感器。一般而言，IMU 安装在被测物体的重心上。

2. 原理

（1）加速度计　加速度计通过测量电容的变化来测量加速度。如图 3-3-7 所示，它有一个质量块连接到一个弹簧，当应用特定方向的加速度时，质量块将移动，板块和质量块外板之间的电容将发生变化。电容的变化量将对应于特定的加速度值。

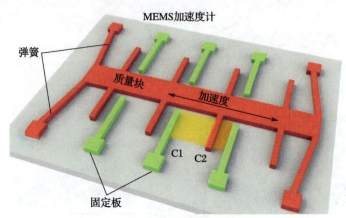

图 3-3-7　加速度计原理

（2）陀螺仪　陀螺仪使用科里奥利效应测量角速率。如图 3-3-8 所示，当质量块以特定速度向特定方向移动的同时沿着绿色箭头做圆周运动时，就会在运动方向的垂直方向产生力，这将导致质量块的垂直位移。因此，与加速度计类似，这种位移会导致电容的变化，电容的变化量对应于特定的角速率。

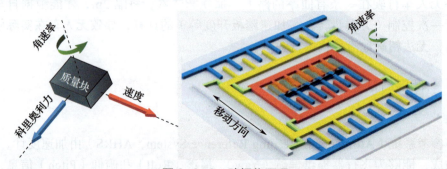

图 3-3-8　陀螺仪原理

（3）磁力计　磁力计使用霍尔效应或磁电阻效应测量地球磁场。实际上，市场上几乎 90% 的传感器都使用霍尔效应，其工作原理如图 3-3-9 所示。

3. 特点

（1）优点

1）由于 AHRS 是不依赖于任何外部信息，也不向外部辐射能量的自主式系统，故隐蔽性好，也不受外界电磁干扰的影响。

2）可全天候、全时间地工作于空中、地球表面乃至水下。

3）能提供位置、速度、航向和姿态角数据，所产生的导航信息连续性好而且噪声低。

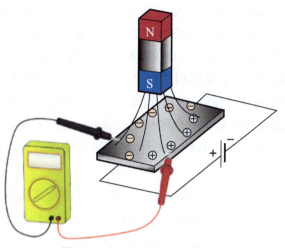

图 3-3-9　磁力计工作原理

4）数据更新率高、短期精度和稳定性好。

（2）缺点

1）由于导航信息经过积分产生，定位误差随时间而增大，精度也随之下降。

2）每次使用之前需要较长的初始校准时间。

3）设备的价格较昂贵。

4）不能给出时间信息。

4. 应用

1）安全冗余。系统工程师需要考虑该系统每种可能的应用场景，并为失效准备备份方案。失效分析（Failure Mode Effects Analysis，FMEA）将这一要求引入设计需求以消除风险。对于自动驾驶，FMEA 需要分析这样一个问题：如何处理雷达和摄像头同时失效的情况？IMU 数据可用于进行航迹推算，在短时间内独立保证一定的位置和姿态确定精度。上述故障情况下，可以利用 IMU 以受控的方式降低汽车速度并使之停止，这在极端条件下提供了可行的解决方案。尽管这看起来像是一个凭空想象的需求，但对成熟的自动驾驶汽车安全策略来讲，这实际上是基本要求。

正常情况下，人类可以很好地进行驾驶。通常，驾驶者将车辆保持在车道内的精度可以优于 10cm，这实际上是很高的精度。良好的自动驾驶同样要稳定可靠地将车辆保持在车道内。IMU 是车辆动态转向控制的关键传感器，此外，当其他传感器不可用时，IMU 可以在短时间内（10s）保证优于 30cm 的位置测量精度。

2）提供车辆姿态，为其他算法提供支撑。高精度的 IMU 可以确定并跟踪载体姿态。自动驾驶需要计算汽车的位置，但驾驶汽车时，行进方向同样重要，稍微偏离正确方向很短时间即有可能导致驶入错误的车道。对汽车的动态控制需要车体状态的动态测量，高精度的 IMU 可以很好地跟踪车体的姿态和位置变化。由于 IMU 的自主性，即便在复杂场景下，如轮胎失去抓地造成的打滑，IMU 仍可完成测量。

此外，精确的姿态测量通常也可以作为其他算法的有效输入。基于摄像头的定位方法对捕捉到的图像使用"SIFT"特征跟踪以计算姿态，受环境物体和外部光线条件的影响，基于摄像头的汽车定位更容易出现频繁的精度下降。如果采用的不是立体摄像头（通常如此），IMU 提供的惯性测量数据也是初始位置和姿态计算方法的重要部分。

高精度 LiDAR 和高分辨率地图相结合是大多数 L4 级自动驾驶的核心。在此类系统中，将 LiDAR 扫描实时匹配到高分辨率地图上，根据匹配，完成对车辆位置和姿态的高精度估计。这一过程的计算量很大。车辆初始位置和姿态越精确，算法完成匹配所需要的计算量就越小。此外，通过引入 IMU 数据，算法错误地收敛到高分辨率地图的局部最优解的风险也会被降低。

3）传感器互检。IMU 同样可以用于交叉比较多种定位算法的结果，并给出最终定位结果的可信性。如果没有 IMU，可能无法知道 LiDAR 的定位误差是否增大。

4）与 GNSS（RTK）融合，提高定位精度和稳定性。当前车载 GPS 通常采用低成本的单频接收机，而低精度的 GPS 对车辆自动驾驶几乎没有作用。现在，多家半导体公司正在研发并推出低成本的多频 GNSS 接收机。因此，基于网络修正的定位方案，如 RTK，理想情况下可以将 GPS 定位精度提高到厘米级。这些解决方案对应用环境很敏感，如桥梁、树木和建筑物遮挡。克服这一挑战改善高精度 GPS 定位可靠性的方法就是在 GPS 定位精度下降时引入高精度的 IMU 进行辅助。

IMU 可以验证 RTK/GPS 结果的自洽性，并对无法自洽的绝对定位数据进行滤波和修正。例如，如果 RTK/GPS 输出汽车的绝对位置在短时间内发生了很大的变化，这意味着汽车有很大的加速度，而此时 IMU 发现汽车并不具备这样的加速度，就表明 RTK/GPS 的定位出了问题，应该由 IMU 来接管绝对定位系统。

IMU 可以在 RTK/GPS 信号消失之后，仍然提供持续若干秒的亚米级定位精度，为自动驾驶汽车争取宝贵的异常处理的时间。同样的道理，IMU 也可以在相对定位失效时，对相对定位的结果进行航迹推演，在一段时间内保持相对定位的精度。例如，在车道线识别模块失效时，基于失效前感知到的道路信息和 IMU 对汽车航迹的推演，仍然能够让汽车继续在车道内行驶，如图 3-3-10 所示。

图 3-3-10 IMU 和 GPS 工作区域互补

三、组合惯导认知

1. 定义

MEMS 惯性 - 卫星组合导航系统由高精度微机电系统（Micro-Electro-Mechanical System，MEMS）陀螺仪、加速度计及多模多频 GNSS 接收机组成，一般都支持 GNSS 实时 RTK 功能，提供标准化用户通用协议，具备良好的可扩展性。

2. 原理

惯性导航系统（INS）是利用惯性传感器（IMU）测量载体的加速度及角速度信息，结合给定的初始条件，与 GNSS 等系统的信息融合，从而进行实时推算速度、位置、姿态等参数的自主式导航系统。具体来说，惯性导航系统属于一种推算导航方式，即从一个已知点的位置根据连续测得的运载体航向角和速度推算出其下一点的位置，因而可连续测出运动体的当前位置，其原理如图 3-3-11 所示。

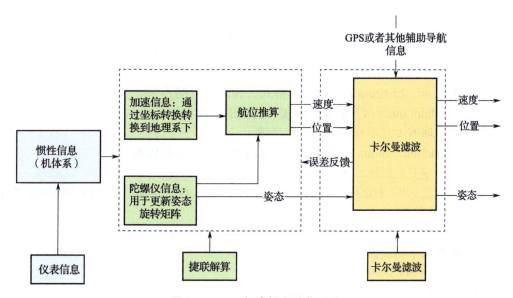

图 3-3-11　组合惯导工作原理

通过设备内置的高性能组合导航处理器，将内置的高精度陀螺仪及加速度计信息进行捷联导航解算，同时将导航结果与 GNSS 定位信息输入内置的卡尔曼滤波器进行组合，组合后获得更为精确的载体位置、速度以及航向、姿态等多参数导航信息。

3. 特点

目前 GNSS+IMU 构成的组合导航系统是主流的定位系统方案，惯性导航系统是唯一可以输出完备的六自由度数据的设备，数据更新频率高，是定位信息的融合中心。

组合导航系统可以控制 IMU 误差积累，降低系统对惯性器件精度的依赖，进而降低整个系统成本；可发现并标校惯导系统误差，提高导航精度；可弥补卫星导航的信号缺损问题，抗遮挡、多路径干扰，实现山区隧道、城市峡谷、高架等环境中车辆的长时间、高精度、高可靠性导航。

任务实施与评价

一、GPS 数据协议与数据获取

1. GPS NMEA-0183 协议解析

NMEA-0183 协议解析

GPS 可以输出实时定位数据以便其他设备使用，这就涉及数据交换协议。几乎所有的 GPS 接收机都遵循美国国家海洋电子协会（National Marine Electronics Association，NMEA）制定的标准规格，是所有航海电子仪器间的通信标准，其中包含传输资料的格式以及传输资料的通信协议。NMEA 协议有 0180、0182 和 0183 三种，0183 可以认为是前两种的超集，现在得到广泛的使用。GPS 上电后，每隔一定的时间就会返回一定格式的数据，数据格式为：$ 信息类型, x, x, x, x, x, x, x, x, x, x, x, x。每行开头的字符都是"$"，接着是信息类型，后面是数据，以逗号分隔开。下面介绍常用的几种通信协议。

（1）Global Positioning System Fix Data（GGA），GPS 定位信息

GPGGA 的协议格式：\$GPGGA, <1>, <2>, <3>, <4>, <5>, <6>, <7>, <8>, <9>, M, <10>, M, <11>, <12>*hh<CR><LF>。该协议含义如下所示：

<1> UTC 时间，hhmmss（时分秒）格式，和北京时间差 8h。

<2> 纬度 ddmm.mmmm（度分）格式（前面的 0 也将被传输）。

<3> 纬度半球 N（北半球）或 S（南半球）。

<4> 经度 dddmm.mmmm（度分）格式（前面的 0 也将被传输）。

<5> 经度半球 E（东经）或 W（西经）。

<6> GPS 状态：0= 未定位，1= 单点定位，2=SBAS 差分定位，4=RTK 固定解，5=RTK 浮点解，6= 惯导定位。

<7> 正在使用解算位置的卫星数量（00~12）（前面的 0 也将被传输）。

<8> HDOP 水平精度因子（0.5~99.9）。

<9> 海拔（-9999.9~99999.9）。

<10> 地球椭球面相对大地水准面的高度。

<11> 差分时间（从最近一次接收到差分信号开始的秒数，如果不是差分定位将为空）。

<12> 差分站 ID 号 0000~1023（前面的 0 也将被传输，如果不是差分定位将为空）。

（2）GPS Satellites in View（GSV），可见卫星信息

GPGSV 的协议格式：\$GPGSV, <1>, <2>, <3>, <4>, <5>, <6>, <7>, …<4>, <5>, <6>, <7>*hh<CR><LF>。该协议含义如下所示：

<1> GSV 语句的总数。

<2> 本句 GSV 的编号。

<3> 可见卫星的总数（00~12，前面的 0 也将被传输）。

<4> PRN 码（伪随机噪声码）（01~32，前面的 0 也将被传输），可理解为卫星编号。

<5> 卫星仰角（00~90°，前面的 0 也将被传输）。

<6> 卫星方位角（000~359°，前面的 0 也将被传输）。

<7> 信噪比（00~99dB，没有跟踪到卫星时为空，前面的 0 也将被传输），50 为信号比较好。

注：<4>,<5>,<6>,<7> 信息将按照每颗卫星进行循环显示，每条 GSV 语句最多可以显示 4 颗卫星的信息。其他卫星信息将在下一序列的 NMEA0183 语句中输出。

（3）GNSS DOP and Active Satellites（GSA），当前卫星信息

GPGSA 的协议格式：$GPGSA, <1>, <2>, <3>, <4>, <5>, <6>*hh<CR><LF>。该协议含义如下所示：

<1> 模式，M= 手动，A= 自动。

<2> 定位类型，1= 没有定位，2=2D 定位，3=3D 定位。

<3> PRN 码（伪随机噪声码），正在用于解算位置的卫星号（01~32，前面的 0 也将被传输）。

<4> PDOP 位置精度因子（0.5~99.9）。卫星分布的空间几何强度因子，一般卫星分布越好，PDOP 值越小，一般小于 3 为比较理想状态。

<5> HDOP 水平精度因子（0.5~99.9）。

<6> VDOP 垂直精度因子（0.5~99.9）。

（4）Recommended Minimum Specific GPS/TRANSIT Data（RMC），推荐定位信息

GPRMC 的协议格式：$GPRMC, <1>, <2>, <3>, <4>, <5>, <6>, <7>, <8>, <9>, <10>, <11>, <12>*hh。该协议含义如下所示：

<1> UTC 时间，hhmmss（时分秒）格式，与北京时间差 8h。

<2> 定位状态，A= 有效定位，V= 无效定位。根据此标志来判断当前定位是否有效。

<3> 纬度 ddmm.mmmm（度分）格式（前面的 0 也将被传输）。

<4> 纬度半球 N（北半球）或 S（南半球）。

<5> 经度 dddmm.mmmm（度分）格式（前面的 0 也将被传输）。

<6> 经度半球 E（东经）或 W（西经）。

<7> 地面速率（000.0~999.9kn，前面的 0 也将被传输）。

<8> 地面航向（000.0~359.9°，以真北为参考基准，前面的 0 也将被传输）。

<9> UTC 日期，ddmmyy（日月年）格式。

<10> 磁偏角（000.0~180.0°，前面的 0 也将被传输）。

<11> 磁偏角方向，E（东）或 W（西）。

<12> 模式指示（仅 NMEA0183 3.00 版本输出，A= 自主定位，D= 差分，E= 估算，N= 数据无效）。

（5）Track Made Good and Ground Speed（VTG），地面速度信息

$GPVTG 的协议格式：$GPVTG, <1>, T, <2>, M, <3>, N, <4>, K, <5>*hh。该协议的含义如下所示：

<1> 以真北为参考基准的地面航向（000-359°，前面的 0 也将被传输）。

<2> 以磁北为参考基准的地面航向（000-359°，前面的 0 也将被传输）。

<3> 地面速率（000.0-999.9kn，前面的 0 也将被传输）。

<4> 地面速率（0000.0-1851.8km/h，前面的 0 也将被传输）。

<5> 模式指示（仅 NMEA0183 3.00 版本输出，A= 自主定位，D= 差分，E= 估算，N= 数据无效）。

2. ROS 中 GPS 数据格式

（1）nmea_msgs/Sentence　首先在命令终端运行以下命令，安装 nmea_msgs 包。

```
$sudo apt install ros-melodic-nmea-msgs
$rosmsg show nmea_msgs/Sentence
```

然后可以使用 rosmsg 指令查看此消息执行效果,如图 3-3-12 所示。

```
ubuntu_wsl@DESKTOP-RBLHFCR:~$ rosmsg info nmea_msgs/Sentence
std_msgs/Header header
  uint32 seq
  time stamp
  string frame_id
string sentence
```

图 3-3-12　ROS 中 GPS Sentence 数据格式

ROS 内置消息中除基本数据类型之外,基本都会包含消息头(header),header 包含 seq、stamp 以及 frame_id,分别表示序列号、时间戳和帧 id。seq 一般从 0 开始,每次增加 1,表示消息序列 id;stamp 为时间戳,表示 ROS 消息产生的时间。frame_id 表示消息发布者,这里的 frame 常表示坐标系,如 gps、imu 和 lidar 等。Sentence 表示 GPS 裸数据,一般从驱动文件中直接读取出来,其格式遵守 NMEA0183,基于此,可以参考 NMEA0183 格式,编写解析程序。

(2)sensor_msgs/NavSatFix　如果安装的是 ROS desktop full 版本,sensor_msgs 包默认已经安装,所以不需要再安装。如果未安装,可以在命令终端运行以下命令进行安装。

```
$rosmsg show sensor_msgs/NavSatFix
```

执行效果如图 3-3-13 所示。

```
uint8 COVARIANCE_TYPE_UNKNOWN=0
uint8 COVARIANCE_TYPE_APPROXIMATED=1
uint8 COVARIANCE_TYPE_DIAGONAL_KNOWN=2
uint8 COVARIANCE_TYPE_KNOWN=3
std_msgs/Header header
  uint32 seq
  time stamp
  string frame_id
sensor_msgs/NavSatStatus status
  int8 STATUS_NO_FIX=-1
  int8 STATUS_FIX=0
  int8 STATUS_SBAS_FIX=1
  int8 STATUS_GBAS_FIX=2
  uint16 SERVICE_GPS=1
  uint16 SERVICE_GLONASS=2
  uint16 SERVICE_COMPASS=4
  uint16 SERVICE_GALILEO=8
  int8 status
  uint16 service
float64 latitude
float64 longitude
float64 altitude
float64[9] position_covariance
uint8 position_covariance_type
```

图 3-3-13　ROS 中 GPS NavSatFix 数据格式

其中，header 同 nmea_msgs/Sentence，status 代表全球定位系统类型及其状态，latitude 表示纬度，longitude 表示经度，altitude 表示高度，position_covariance 表示位置协方差，后面几项表示位置协方差类型。sensor_msgs/NavSatFix 数据结构是通过解析 nmea_msgs/Sentence 结构而获取的。

3. GPS 模块安装与调试

（1）电气连接　ATK-S1216F8-BD GPS 北斗模块非常小巧（25mm×27mm），模块通过 5 个 2.54mm 间距的排针与外部连接，模块有 4 个安装孔，方便集成到其他设备里面。模块外观如图 3-3-14 所示。

 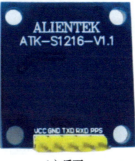 

　　　　a）正面　　　　　　　　b）反面

图 3-3-14　ATK-S1216F8-BD GPS 北斗模块

从右到左，依次为模块引出的 1~5 针脚，各针脚的详细描述见表 3-3-1。

表 3-3-1　ATK-S1216F8-BD GPS 北斗模块针脚及定义

序号	名称	说明
1	VCC	电源（3.3~5.0V）
2	GND	接地
3	TXD	模块串口发送脚（TTL 电平，不能直接接 RS232 电平），可接单片机的 RXD
4	RXD	模块串口接收脚（TTL 电平，不能直接接 RS232 电平），可接单片机的 TXD
5	PPS	时钟脉冲输出脚

左上角的 IPX 接口，用来外接一个有源天线，通过外接有源天线，可以把模块放到室内，天线放到室外，实现室内定位。一般 GPS 有源天线都是采用 SMA 接口，需要准备一根 IPX 转 SMA 的连接线连接 ATK-S1216F8-BD GPS 北斗模块与有源天线，如图 3-3-15 所示。

模块与单片机连接最少需要 4 根线：VCC、GND、TXD、RXD。其中 VCC 和 GND 用于给模块供电，TXD 和 RXD 则连接单片机的 RXD 和 TXD 即可。该模块兼容 5V 和 3.3V 单片机系统，所以可以很方便地连接到系统中。ATK-S1216F8-BD GPS 北斗模块与单片机系统的典型连接方式如图 3-3-16 所示。

图 3-3-15 北斗模块及有源天线

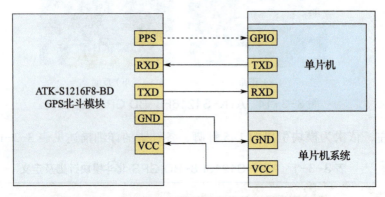

图 3-3-16 北斗模块与单片机系统的典型连接方式

（2）安装依赖　在命令终端运行以下命令安装 GPS 模块驱动依赖。

```
$sudo apt-get install libgps-dev
```

（3）编译驱动　下载 nmea_navsat_driver 代码包并编译，也可以在命令终端运行以下命令直接安装。nmea_navsat_driver 是一套用于获取并解析 GPS 数据的 ROS 驱动包，使用 Python 语言实现。GPS 设备使用此包的条件是遵守或者兼容 NMEA0184 协议。nmea_navsat_driver 提供四个节点：nmea_topic_driver、nmea_serial_driver、nmea_topic_serial_reader 和 nmea_socket_driver。

（4）GPS 数据获取　分别在命令终端运行以下命令，启动 GPS 模块驱动。

```
$rosrun nmea_navsat_driver nmea_topic_serial_reader _port:=/dev/ttyUSB0 _baud:=9600
$rosrun nmea_navsat_driver nmea_top_driver
```

nmea_topic_serial_reader 节点从串口读入 GPS 数据，然后封装为 nmea_msgs/Sentence 数据格式，发布话题 nmea_sentence。nmea_topic_driver 节点订阅话题 nmea_sentence，然后根据 NMEA0184 协议解析，并发布解析后的数据，发布话题为：经纬度 /fix，设备报告的 GPS 定位信息。即使设备没有有效的修补程序，它也会以可用的任何位置和状态数据发布，无效的字段可能包含 NaN；速度 /vel，从 GPS 设备输出的速度，仅在设备输出有效的速度信息时发布，自动驾驶不会仅基于定位来计算速度；gps 时间 /time_reference，来自 GPS 设备的时间戳记用作 time_ref。

二、IMU 安装与调试

HandsFree IMU（图 3-3-17）内置加速度计、陀螺仪、磁力计这些传感器，将 IMU 固定到物体上后，可以获取物体的三轴加速度信息、三轴角速度信息、三轴角度信息、三轴磁场信息。通过这些信息，可以得知物体运动过程中的状态。

IMU 安装与调试

图 3-3-17　IMU 模块

1. 安装依赖

在命令终端运行以下命令，安装 IMU 驱动包的依赖。

```
$sudo apt-get install ros-melodic-imu-tools ros-melodic-rviz-imu-plugin
```

2. 编译驱动包

在命令终端运行以下命令，下载并编译 IMU 驱动包。

```
$mkdir -p~/handsfree/handsfree_ros_ws/src/ #如果前面任务已经创建工作空间，此步骤可以省略
$cd~/handsfree/handsfree_ros_ws/src/
$git clone https://gitee.com/HANDS-FREE/handsfree_ros_imu.git
$cd~/handsfree/handsfree_ros_ws/
$catkin_make
```

```
$cd ~/handsfree/handsfree_ros_ws/src/handsfree_ros_imu/scripts/
$sudo chmod 777 *.py
```

3. 配置环境变量

在命令终端运行以下命令，配置环境变量，如果前面任务已添加可忽略此步骤。

```
$echo "source ~/handsfree/handsfree_ros_ws/devel/setup.bash" >> ~/.bashrc
$source ~/.bashrc
```

4. 获取设备权限

插上 USB 设备（连接 IMU 的 USB），在命令终端运行以下命令，检查计算机能否识别到 ttyUSB0，检测到 ttyUSB0 后，给 ttyUSB0 赋权限。

```
$ls /dev/ttyUSB0
$sudo chmod 777 /dev/ttyUSB0
```

5. 数据获取

在命令终端运行以下命令，运行 IMU ROS 驱动可视化程序。

```
$roslaunch handsfree_ros_imu rviz_and_imu.launch imu_type:=a9 #需将 a9 改成你的 imu 的型号
```

通过 rviz 查看 IMU 的数据，如图 3-3-18 所示。

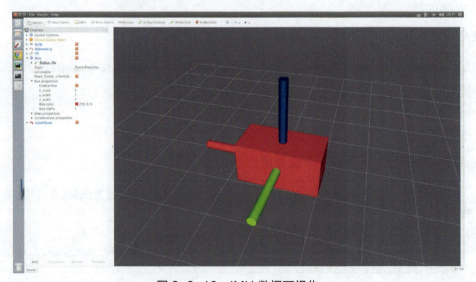

图 3-3-18　IMU 数据可视化

在命令终端运行以下命令，使用脚本获取 IMU 欧拉角格式数据：Roll（横滚），Pitch（俯仰），Yaw（偏航），如图 3-3-19 所示。

```
rosrun rosrun handsfree_ros_imu get_imu_rpy.py
```

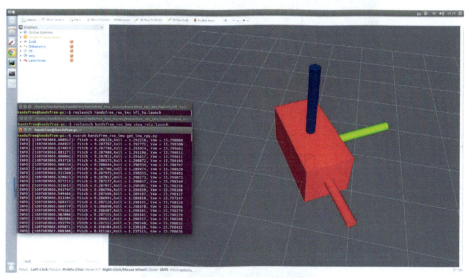

图 3-3-19　IMU 数据读取

三、组合惯导安装与调试

CGI-410 是上海华测导航技术股份有限公司采用多传感器数据融合技术将卫星定位与惯性测量相结合，推出的一款能够提供多种导航参数的组合导航产品。产品在卫星定位方面采用全系统多频方案，具有全天候、全球覆盖、高精度、高效率、应用广泛等优点。针对卫星信号易受城市峡谷、建筑山林等遮挡以及多路径干扰的情况，CGI-410 内置高精度 MEMS 陀螺仪与加速度计，支持外接里程计信息进行辅助，借助新一代多传感器数据融合技术，大大提高了系统的可靠性、精确性和动态性，实时提供高精度的载体位置、姿态、速度和传感器等信息，很好地满足了城市峡谷等复杂环境下长时间、高精度、高可靠性导航的应用需求。

组合惯导部件认识

组合惯导配置参数

1. 电气连接

CGI-410 接口如图 3-3-20 所示，各接口定义如下。

GNSS1：TNC 接口，定位天线。

GNSS2：TNC 接口，定向天线。

4G：TNC 接口，外接 4G 天线。

COM：航空接插件，外接电源以及数据线。

如图 3-3-21 所示，组合惯导的指示灯从左至右依次为电源灯、卫星灯、差分灯和状态灯。其中，电源灯为红色，表示上电常亮；卫星灯为蓝色，每隔 5s 闪烁 1 次，表示正在搜星，搜到卫星之后每隔 5s 闪烁 N 次，表示搜到 N 颗卫星；差分灯为橙色，表示有差分数据或者 WiFi 连接下闪烁；卫星固定状态灯绿色常亮，表示标定、初始化成功。

图 3-3-20　CGI-410 接口

图 3-3-21　CGI-410 指示灯

如图 3-3-22 所示，和 COM 接线口连接的是一根 19 针数据线，该线的另一端主要包括 3 个 RS232 接口、1 个 RJ45 网口、1 个 CAN 接口、1 个电源口。

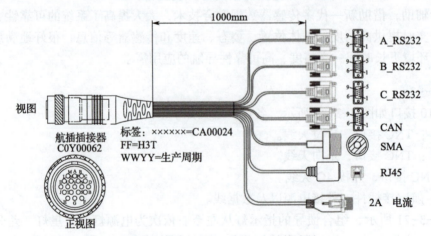

图 3-3-22　CGI-410 19 针线束接口

19针针脚定义见表3-3-2。

表3-3-2 CGI-410 19针针脚定义

航插针脚序号	DB9针脚序号	定义	端口
G	5	GND	A_RS232（NMEA数据）
T	3	RXD	
C	2	TXD	
M	8	pps	SMA（母头）
G	壳/屏蔽		
G	5	GND	B_RS232（GNSS差分口）
D	3	RXD	
S	2	TXD	
G	5	GND	C_RS232（组合导航数据GPCHC）
E	3	RXD	
P	2	TXD	
G	3	GND	CAN（组合导航数据）
R	7	CAN_H	
F	2	CAN_L	
G	RJ45/屏蔽		RJ45网口
A	3	RJ45	
B	6		
U	2		
V	1		
K	DCJack	POWER+	2A电流
H	DCJack	POWER-	

1）A_RS232：可通过网页配置，输出NMEA数据。可给激光雷达提供5Hz GPRMC数据以及PPS信号（TTL电平，上升沿信号）。默认波特率115200。

2）B_RS232：可通过B口给系统输送差分数据。默认波特率115200。

3）C_RS232：可通过网页配置选择输出组合导航融合数据（包括GPCHC、GPGGA、GPRMC），最高输出频率100Hz，默认波特率230400。

4）CAN：可通过网页设置输出组合导航融合数据，默认波特率500k。输出频率最高100Hz。

5）RJ45：可通过网页配置接收机IP地址等，用于网络数据传输。

6）电源：输入电源范围9~32V，电流2A。

组合惯导电气连接方式如图3-3-23所示，包含设备主机、GNSS天线、4G天线、航空数据线。

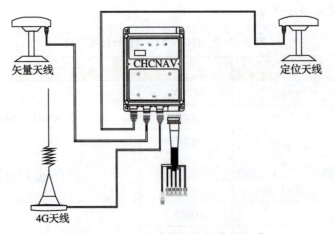

图 3-3-23　组合惯导电气连接方式

2. 设备安装

（1）天线安装　GNSS 天线分别旋拧到两个强磁吸盘上并分别固定摆放在测试载体的前进方向和后退方向上，尽可能地将其安置于测试载体的最高处以保证能够接收到良好的 GNSS 信号，同时要保证两个 GNSS 天线相位中心形成的连线与测试载体中心轴线方向一致或平行，如图 3-3-24 所示。

（2）主机安装　将组合惯导主机安装在载体上，如图 3-3-25 所示，主机铭牌上标示的坐标系面尽量与载体被测基准面平行，Y 轴与载体前进方向中心轴线平行。

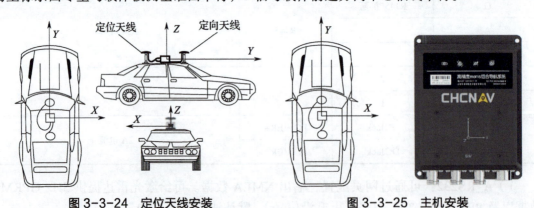

图 3-3-24　定位天线安装　　　　图 3-3-25　主机安装

> **注意**：主机单元必须与被测载体固连。

（3）SIM 卡安装　SIM 卡具体安装流程如下（请确保 SIM 卡有流量）：

1）切断电源，在没有电源的情况下进行安装。

2）用十字螺丝刀拧开 SIM 卡盖子的四个螺钉，取出 SIM 卡盖后，露出 SIM 卡槽，如图 3-3-26 所示。

3）按照图 3-3-27 所示插卡方向插入 SIM 卡后盖上 SIM 卡盖并紧固螺钉。

图 3-3-26　打开 SIM 卡盖子

图 3-3-27　SIM 卡安装位置

3. 参数设置

（1）使用天线数　单双天线选择，针对实际使用情况选择单天线或者双天线选项。

（2）工作模式　针对不同的应用场景设备支持多种工作模式，分别为车载模式（适用于一般汽车，最大车速大于 15km/h）、低速模式（一般应用于巡检机器人，最大速度小于 15km/h）、轨道交通（适用于高铁、火车等）、农机（适用于农业拖拉机）等。

（3）惯导到车辆坐标系夹角　分别为设备与车辆的俯仰角、横滚角和方位角，旋转的角度和正负值符合右手定则。如果按照标准放置安装（设备水平放置，Y 箭头指向前进方向）此处全部输入 0，如图 3-3-28 所示；如果设备左右安装，线缆一侧为左（设备绕着 Z 轴朝 X 方向旋转 90°），按照右手定则第三个空格输入 -90，如图 3-3-29 所示。

（4）定位天线到后轮中心杆臂　分别为 x、y、z，左右方向为 x，前后方向为 y，上下方向为 z，单位为 m。例如，天线在后轮中心的左边 0.3m（一般放在车辆中心线，则为 0），前面 0.5m，上面 1m，输入值则为 0.3，-0.5，-1。

（5）GNSS 定向基线与车辆坐标系夹角　如果天线前后安装且高度基本一致，则此处都输入 0，如果定位天线在左，定向天线在右，则第三格输入 -90。

（6）惯导到 GNSS 定位主天线矢量　分别为 x、y、z，左右方向为 x，前后方向为 y，上下方向为 z，单位为 m，定位天线在设备的右前上为正。

（7）里程计轮速精度（km/h）/转角精度（°）和里程计延迟　这些数据需要由车辆底

盘提供初始值，如无车辆信息输入时，可不进行设置。

（8）轮距设置　轮距分别为左右轮距和前后轮距，全部设置完单击保存。

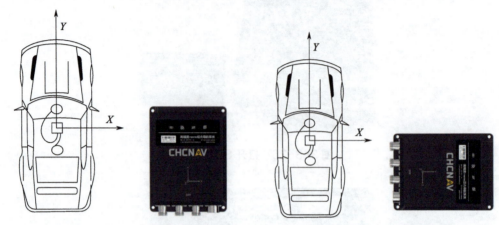

图 3-3-28　标准放置安装　　　　　图 3-3-29　左右放置安装

▶ **注意：**

1）设置完成之后刷新页面，然后重新进入参数设置界面，查看是否设置成功，以免忘记保存造成数据不准确。

2）每次单击"保存"按钮后必须重新标定。

4. 数据协议

GPCHC 数据协议可通过 RS232 C 口以及 RS422 口输出，默认波特率 230400，其数据格式如下所示，该协议具体含义见表 3-3-3。

> $GPCHC,GPSWeek,GPSTime,Heading,Pitch,Roll,gyro x,gyro y,gyro z, accx,accy,accz,Lattitude,Longitude,Altitude,Ve,Vn,Vu,V,NSV1,NSV2, Status,Age,Warming,Cs, <CR><CF>。

表 3-3-3　GPCHC 协议数据解析

字段	名称	说明	格式	举例
1	Header	GPCHC 协议头	$GPCHC	$GPCHC
2	GPSWeek	自 1980-1-6 至当前的星期数（GPS 时间）	wwww	1980
3	GPSTime	自本周日 0：00：00 至当前的秒数（GPS 时间）	ssssss.ss	16897.68
4	Heading	偏航角（0~359.99）	hhh.hh	289.19
5	Pitch	俯仰角（-90~90）	+/-pp.pp	-0.42
6	Roll	横滚角（-180~180）	+/-rrr.rr	0.21
7	gyro x	陀螺仪 X 轴	+/-ggg.gg	-0.23
8	gyro y	陀螺仪 Y 轴	+/-ggg.gg	0.07

（续）

字段	名称	说明	格式	举例
9	gyro z	陀螺仪 Z 轴	+/-ggg.gg	−0.06
10	acc x	加表 X 轴	+/-a.aaaa	0.0009
11	acc y	加表 Y 轴	+/-a.aaaa	0.0048
12	acc z	加表 Z 轴	+/-a.aaaa	−1.0037
13	Latitude	纬度（−90 ~ 90）	+/-11.1111111	38.8594969
14	Longitude	经度（−180 ~ 180）	+/-11.1111111	121.5150073
15	Altitude	高度，单位 m	+/-aaaaa.aa	121.51
16	Ve	东向速度，单位 m/s	+/-eee.eee	−0.023
17	Vn	北向速度，单位 m/s	+/-nnn.nnn	0.011
18	Vu	天向速度，单位 m/s	+/-uuu.uuu	0.000
19	V	车辆速度，单位 m/s	+/-uuu.uuu	1.500
20	NSV1	主天线 1 卫星数	nn	14
21	NSV2	副天线 2 卫星数	nn	6
22	Status	系统状态（低半字节）： （0：初始化；1：卫导模式；2：组合导航模式；3：纯惯导模式） 卫星状态（高半字节）： （0：不定位不定向；1：单点定位定向；2：伪距差分定位定向；3：组合推算；4: RTK 稳定解定位定向；5: RTK 浮点解定位定向；6：单点定位不定向；7：伪距差分定位不定向；8: RTK 稳定解定位不定向；9: RTK 浮点解定位不定向）	ss	4
23	Age	差分延时	aa	0
24	Warming	bit0：（1：无 GPS 消息，0：正常） bit1：（1：无车辆消息，0：正常） bit3：（1：陀螺仪错误，0：正常） bit4：（1：加表错误，0：正常）	ww	2
25	Cs	校验	*hh	*47
26	<CR><LF>	固定包尾		<CR><LF>

5. 数据获取

以串口通信为例，一般数据获取有三种方式。

1）遵循 NMEA-0183 协议的，可以使用 nmea_navsat_driver 代码包进行，具体操作参考《GPS 数据协议与数据获取》。

2）自定义协议格式，需要编写串口数据解析代码，并发布自定义 ROS 消息类型，发布相关定位数据的话题。

3）厂家自带 ROS 驱动包，以厂家的操作手册为准。

知识与能力拓展

组合惯导安装与调试

Newton-M2 是北京星网宇达科技股份有限公司新一代微机电惯性/卫星组合导航系统。该系列产品由高精度测绘级卫星接收板卡、三轴 MEMS 陀螺仪、三轴 MEMS 加速度计组成。产品可在星况良好的环境下提供厘米级定位精度，并在卫星信号遮挡、多路径等环境下长时间保持位置、速度、姿态精度。产品整体设计轻便小巧，简单易用，适用于辅助驾驶、无人驾驶、车载定位定向、自动导引车辆（AGV）等环境。

1. 组合惯导坐标系定义

1）地理坐标系，如图 3-3-30 所示。

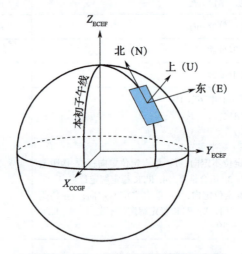

图 3-3-30　当地地理坐标系示意图

X 轴表示指向东向，Y 轴表示指向北向，Z 轴表示指向天向。

2）设备坐标系，如图 3-3-31 所示。

图 3-3-31　设备坐标系示意图

X 轴表示指向壳体右向，垂直于 Z、Y 方向；Y 轴表示壳体无插头的方向；Z 轴表示垂直于上壳体，沿壳体指向天向。

3）载体（车辆）坐标系，如图 3-3-32 所示。

X 轴表示遵从右手坐标系，指向载体右向；Y 轴表示指向载体前进方向；Z 轴表示垂直大地水平面，沿载体指向天向。

2. 设备安装

1）设备总体安装，如图 3-3-33 所示。

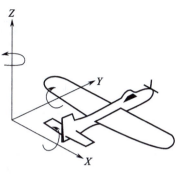

图 3-3-32 载体坐标系

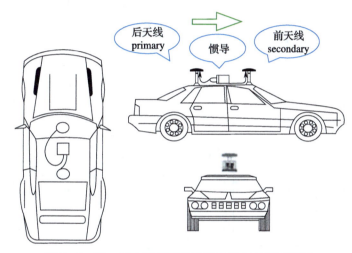

图 3-3-33 组合惯导卫星天线及设备安装示意图

2）主机安装。将组合惯导主机安装在载体上，主机铭牌上标示的坐标系 XOY 面尽量与载体坐标系平行并保持各轴向一致。当安装时设备坐标系与载体坐标系不一致，应进行设备轴向自定义配置（倒轴配置），使之与载体坐标系一致，表 3-3-4 列出了所有可能的安装方式。

表 3-3-4 组合惯导主机安装方式列表

序号	载体坐标系	载体坐标	设备坐标系	设备坐标
1（默认）	X		X	
	Y		Y	
	Z		Z	
2	X		Y	
	Y		Z	
	Z		X	

（续）

序号	载体坐标系	载体坐标	设备坐标系	设备坐标
3	X	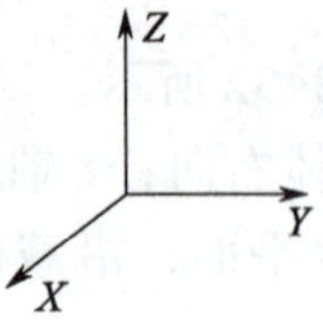	Z	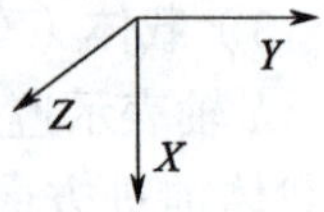
	Y		Y	
	Z		−X	
4	X	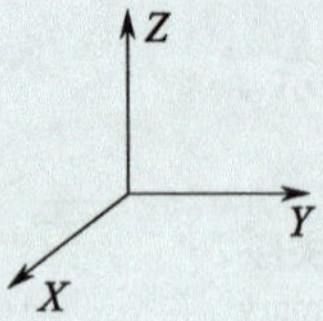	Z	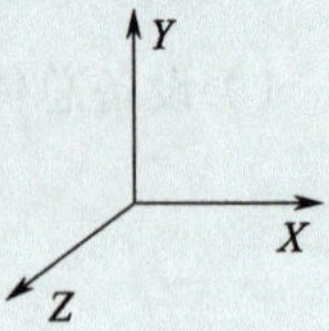
	Y		X	
	Z		Y	
5	X	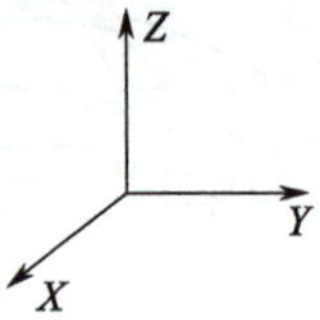	X	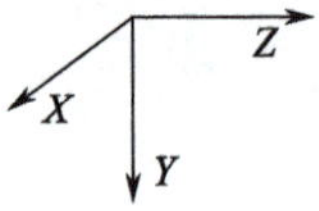
	Y		Z	
	Z		−Y	
6	X	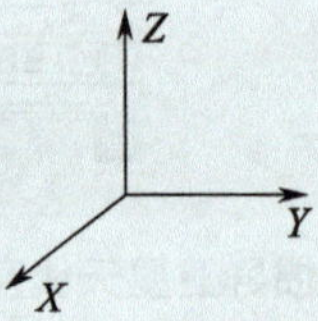	Y	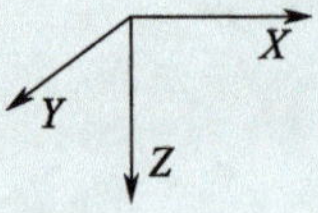
	Y		X	
	Z		−Z	

3）天线安装。GNSS 双天线应尽量与载体坐标系 Y 轴平行并且前天线（Secondary）应在 Y 轴正方向上，双天线也可与 X 轴平行。GNSS 天线要尽可能地安置于测试载体的最高处以保证能够接收到良好的 GNSS 信号，其安装方式列表见表 3-3-5。

表 3-3-5 天线安装方式列表

序号	载体坐标 Y 轴方向	双天线安装方向	天线需补偿的角度/(°)
1（默认）	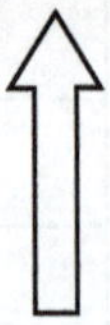 ↑	 ↑	0
2	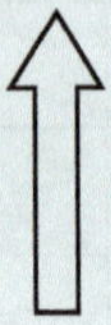 ↑	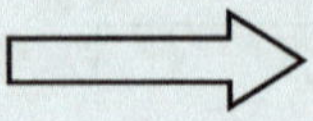 →	90

(续)

序号	载体坐标 Y 轴方向	双天线安装方向	天线需补偿的角度/(°)
3	↑	←	270

3. 补偿配置

（1）杆臂配置　GNSS 相对惯导系统的杆臂效应是 GNSS 天线组件的安装位置与惯导系统中心不重合而产生的位置和速度的测量误差，在具体使用过程中会出现两者位置距离较远使得该误差达到无法忽略的程度，这时必须对杆臂误差进行补偿，此处杆臂是指后天线（primary）的几何中心位置相对于主机几何中心在直角坐标系内 x、y、z 三方向的位置差。通过如下指令进行补偿设置，其中 x_offset 为 x 方向的杆臂误差，y_offset 为 y 方向的杆臂误差，z_offset 为 z 方向的杆臂误差，单位均为米。上述坐标 x、y、z 为设备坐标轴配置后的实际坐标，一般应与载体坐标系一致，注意补偿的是后天线（primary）杆臂值。

```
$cmd,set,leverarm,gnss,x_offset,y_offset,z_offset*ff。
```

如图 3-3-34 所示，后天线（primary）的安装位置在惯导设备的上方 0.8m、X 轴正向 0.7m、设备 Y 轴负向 0.1m 处。首先根据图 3-3-34 可以测得 x_offset=0.2m，y_offset=-0.1m，z_offset=0.8m，然后串口发送以下指令，将补偿值写入设备。

```
$cmd,set,leverarm,gnss,0.2,-0.1,0.8*ff
```

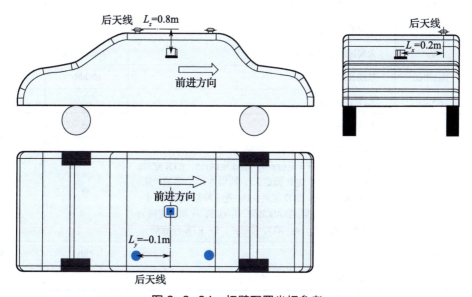

图 3-3-34　杆臂配置坐标参考

（2）双天线航向补偿配置　GNSS 双天线应尽量与载体坐标系 Y 轴平行并且前天线（Secondary）应在 Y 轴正方向上，双天线也可与 X 轴平行，要尽可能地将 GNSS 天线安置于测试载体的最高处以保证能够接收到良好的 GNSS 信号。例如表 3-3-4 所列第二种方式安装时，可以向串口发送以下指令进行补偿。

```
$cmd,set,headoffset,90*ff
```

4. 数据协议

（1）GPFPD　标准 GI 定位定姿消息集，其协议解析见表 3-3-6。

数据格式：$GPFPD, GPSWeek, GPSTime, Heading, Pitch, Roll, Latitude, Longitude, Altitude, Ve, Vn, Vu, Baseline, NSV1, NSV2, Status *Cs\<CR\>\<LF\>

表 3-3-6　GPFPD 协议解析

字段号	名称	说明	格式	举例
1	Header	FPD 协议头	$GPFPD	$GPFPD
2	GPSWeek	自 1980-1-6 至当前的星期数（格林尼治时间）	wwww	1451
3	GPSTime	自本周日 0：00：00 至当前的秒数（格林尼治时间）	ssssss.sss	368123.300
4	Heading	偏航角（0~359.99）	hhh.hh	102.40
5	Pitch	俯仰角（−90~90）	+/−pp.pp	1.01
6	Roll	横滚角（−180~180）	+/−rrr.rr	−0.80
7	Latitude	纬度（−90~90）	+/−ll.llllll	34.1966004
8	Longitude	经度（−180~180）	+/−lll.llllll	108.8551924
9	Altitude	高度，单位 m	+/−aaaaa.aa	80.60
10	Ve	东向速度，单位 m/s	+/−eee.eee	4.717
11	Vn	北向速度，单位 m/s	+/−nnn.nnn	10.206
12	Vu	天向速度，单位 m/s	+/−uuu.uuu	−0.020
13	Baseline	基线长度，单位 m	bb.bbb	13.898
14	NSV1	天线 1 卫星数	nn	11
15	NSV2	天线 2 卫星数	nn	12
16	Status	系统状态：低半字节 ASCII 码。0：初始化；1：粗对准；2：精对准；3：GPS 定位；4：GPS 定向；5：RTK 定位；6：DMI 组合；7：DMI 标定；8：纯惯性；9：零速校正；A：VG 模式；B：RTK 定向；C：进入导航初始化；F：惯导数据异常。高半字节 ASCII 码。0：GPS；1：BD（定制）；2：双模（定制）；4：RTK 固定解；5：RTK 浮点解	ss	2F
17	Cs	校验	*hh	*58
18		固定包尾		

（2）GTIMU　时间、IMU 数据消息集，其协议解析见表 3-3-7。

数据格式：$GTIMU，GPSWeek，GPSTime，GyroX，GyroY，GyroZ，AccX，AccY，AccZ，Tpr*Cs<CR><LF>

表 3-3-7　GTIMU 协议解析

字段号	名称	说明	格式	举例
1	$GTIMU	IMU 协议头	$GTIMU	$GTIMU
2	GPSWeek	自 1980-1-6 至当前的星期数（接收机时间）	wwww	1550
3	GPSTime	星期内的秒数（GPS 接收机时间）	ssssss.sss	298625.000
4	Gyro X	陀螺仪 X 轴角速率，单位（°）/s	± ggg.gggg	0.0140
5	Gyro Y	陀螺仪 Y 轴角速率，单位（°）/s	± ggg.gggg	0.0012
6	Gyro Z	陀螺仪 Z 轴角速率，单位（°）/s	± ggg.gggg	0.0032
7	Acc X	加速度计 X 轴加速度，单位 g	± aaa.aaaa	0.0001
8	Acc Y	加速度计 Y 轴加速度，单位 g	± aaa.aaaa	0.0001
9	Acc Z	加速度计 Z 轴加速度，单位 g	± aaa.aaaa	1.0001
10	Tpr	温度，单位℃	± tt.t	−35.7
11	Cs	校验	*hh	*56
12		固定包尾		

（3）GPHPD　GNSS 定位定向消息集，其协议解析见表 3-3-8。

数据格式：$GPHPD，GPSWeek，GPSTime，Heading，Pitch，Track，Latitude，Longitude，Altitude，Ve，Vn，Vu，Baseline，NSV1，NSV2，Status*Cs<CR><LF>

表 3-3-8　GPHPD 协议解析

字段号	名称	说明	格式	举例
1	Header	HPD 消息协议头	$GPHPD	$GPHPD
2	GPSWeek	自 1980-1-6 至当前的星期数（接收机时间）	wwww	1451
3	GPSTime	星期内的秒数（接收机时间）	ssssss.sss	368123.300
4	Heading	偏航角（0~359.99）	hhh.hh	90.01
5	Pitch	俯仰角（−90~90）	+/−pp.pp	0.12
6	Track	地速相对真北方向的夹角（0~359.99）	+/−ttt.tt	90.11
7	Latitude	纬度（−90~90）	+/−ll.llllll	34.1966004
8	Longitude	经度（−180~180）	+/−lll.llllll	108.8511121
9	Altitude	高度，单位 m	+/−aaaaa.aa	394.98
10	Ve	东向速度，单位 m/s	+/−eee.eee	−0.157
11	Vn	北向速度，单位 m/s	+/−nnn.nnn	0.019

（续）

字段号	名称	说明	格式	举例
12	Vu	天向速度，单位 m/s	+/-uuu.uuu	−0.345
13	Baseline	基线长度，单位 m	bb.bbb	3.898
14	NSV1	前天线可用星数	nn	6
15	NSV2	后天线可用星数	nn	6
16	Status	系统状态。0：初始化；3：GPS 定位；4：GPS 定向；5：RTK 定位；B：RTK 定向	ss	11
17	Cs	效验	*hh	*0B
18		固定包尾		

5. 数据获取

以串口通信为例，一般数据获取有三种方式。

1）遵循 NMEA-0183 协议的，可以使用 nmea_navsat_driver 代码包进行，具体操作参考《GPS 数据协议与数据获取》。

2）自定义协议格式，需要编写串口数据解析代码，并发布自定义 ROS 消息类型，发布相关定位数据的话题。

3）厂家自带 ROS 驱动包，以厂家的操作手册为准。

强化练习

一、选择题

1. 在实际应用中，GPS 接收装置利用（　　）颗以上卫星信号来确定使用者所在位置。
   A. 1　　　　　　　　　　　　　　B. 2
   C. 4　　　　　　　　　　　　　　D. 6

2. 由于自动驾驶汽车无法像人类驾驶人一样能够准确感知障碍物、可行驶区域和交通标志、标线等交通环境信息，因此需要（　　）、惯性导航系统、高精地图等将自动驾驶汽车与周边交通环境有机结合，实现超视距感知，降低车载感知传感器计算压力。
   A. 全球卫星导航系统　　　　　　B. 发动机电控系统
   C. 底盘电控系统　　　　　　　　D. 车载网络控制系统

3. 惯性传感器的定位误差会随着物体运行时长的增加而（　　）
   A. 增加　　　　　　　　　　　　B. 修正
   C. 不变　　　　　　　　　　　　D. 以上均不是

4. 科里奥利力来自物体所具有的惯性，在旋转体系中进行（　　）运动的质点，由于惯性的作用，有沿着原有运动方向继续运动的趋势。
   A. 直线　　　B. 曲线　　　C. 双绞线　　　D. 折线

二、判断题

1. 惯性导航系统数据更新频率高，定位误差随时间的累积而减小。（ ）
2. 目前，GPS 占据着绝大部分的车载导航应用市场，且具备成熟完善的产业链。（ ）
3. 按定位分，GPS 定位分为单点定位和相对定位（差分定位）。（ ）
4. 常用的定位技术一般有三大类：自主定位、星基定位和陆基定位。对于车辆导航系统来说，通常采用前两类定位技术，其中自主定位技术的代表是推算定位（DR）技术，而 GPS 技术则属于星基定位技术。（ ）

三、简单题

为什么说 IMU 是 GPS 的好搭档？

项目四
智能网联汽车数据采集与标注

任务一 道路数据采集与高精地图制作

学习目标

知识目标

1）掌握高精地图的组成内容、特点与功用。
2）了解高精地图的制作流程。

能力目标

能使用高精地图手工标注工具完成高精地图制作。

素养目标

通过高精地图制作,能对工作成果的质量负责,培养学生爱岗敬业、责任心和一丝不苟的工作精神。

任务描述

高精地图是打开 L3 级自动驾驶的一把关键钥匙,"传感器 + 高精地图"的组合能满足 L3 级自动驾驶对整体环境检测、评估、决策的要求,同时为功能安全提供冗余。在此任务部分,我们将对高精地图的数据组成、特点、应用、制作流程等内容进行学习。在此基础上,安装高精地图标注软件,完成数据采集、点云地图创建、高精地图制作等任务。通过此任务的学习，你将具备数据采集和高精地图标注制作的能力，为将来智能网联车辆高精地图标注工作打下基础。

任务准备

高精地图的认知

1. 定义

高精地图（或称作高精度地图，High Definition Map，HD Map）是指高精度、精细化定义的地图，可以描述为对 3D 道路环境的重建。高精地图的精度需要达到分米级才能够区分各个车道，是实现 L3 级以上辅助/自动驾驶的重要一环。

高精地图含有大量道路矢量元素信息（车道线位置、类型、宽度等）以及车道周边的固定对象信息（交通信号灯、交通标志、障碍物、路边地标等），形成对路网精确描述的三维表征（厘米级精度），比如路面的几何结构、道路标示线的位置、周边道路环境的点云模型等。

高精地图的高精度体现在两个方面。一是高精地图的绝对坐标精度更高，地图上某个目标和真实世界的事物之间的联系精度更高；二是高精地图所含有的道路交通信息元素更丰富和细致。

普通的导航电子地图由于是辅助驾驶人导航使用，其绝对坐标精度在 10m 左右就够用。而在自动驾驶领域，自动驾驶汽车需要精确地知道自己在路上的位置。车辆与路肩、旁边的车道距离通常仅有几十厘米左右，因此高精地图的绝对精度要求都在 1m 以内，而且横向的相对精度（比如车道和车道、车道和车道线的相对位置精度）往往还要更高。此外，高精地图还包括准确的道路形状，如每条车道的坡度、曲率、航向、高程、侧倾数据；车道线的种类、颜色；每条车道的限速要求、推荐速度；隔离带的宽度、材质；道路上的箭头、文字的内容及其所在位置；红绿灯、人行横道等交通参与物的绝对地理坐标、物理尺寸以及它们的特质特性。所有这些信息也都需要准确地反映在高精地图之中。

2. 组成

所谓高精地图，实际上是相对普通导航电子地图而言的服务于自动驾驶系统的专用地图。高精地图可以分为两个层级：静态高精地图和动态高精地图。

静态高精地图处于底层，如图 4-1-1 所示，图中包含了地图图层和定位图层。静态高精地图是目前研发的重点。地图图层中记录的是对于道路的详尽描述，如道路边缘、车道边缘和中线等大量信息，以道路模型、车道模型与对象模型表达大量道路属性要素，并以厘米级的高精度数据，精准呈现信息。定位图层中记录的是具备独特性的目标或特征，称为 Landmark，如交通标志、地面标志、灯杆等，记录的内容包括绝对坐标、属性、几何轮廓等，用来和其他车辆传感器感知结果匹配，推算车辆位置。

动态高精地图则建立于静态高精地图的基础之上，它主要包括实时动态信息，既有其他交通参与者的信息（如道路拥堵情况、施工情况、是否有交通事故、交通管制情况、天气情况等），也有交通参与物的信息（如红绿灯、人行横道等）。

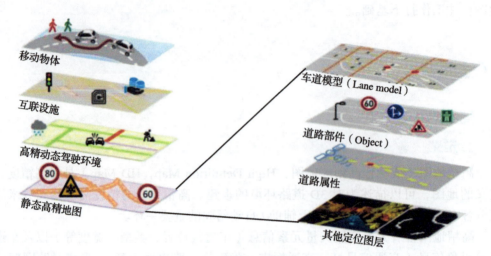

图 4-1-1　高精地图图层

3. 制作流程

高清地图制作流程有两大类，即以激光雷达扫描为主的高成本制图方法和以摄像头为主的低成本制图方法。高成本方式已经被各大公司普遍采用，比如 HERE、TomTom、谷歌、苹果、百度、高德、四维图新和 ZENRIN 等，一些创业公司也遵循这样的路线，如 DeepMap、Civil Maps 和 Carmera 等。

而低成本方法也有不少公司采用，如美国的 Intel Mobileye、Mapbox、Tesla、Lvl5、Mapper、Ushr，德国的 Atlatec，国内的极奥、MOMENTA、宽凳科技、DeepMotion 和 Wayz.ai 等。一般低成本方法会采用众包的方式获取数据，而且更新成本较低。以 Mobileye 的 REM 为例，也称为路书（roadbook），标注的是通过视觉提取的 Landmark，包括车道线、道路边界、交通标志、路上标记等。

目前高精地图的生产有五大步骤，包括数据采集、数据处理、元素识别、人工验证和产品编译，如图 4-1-2 所示。

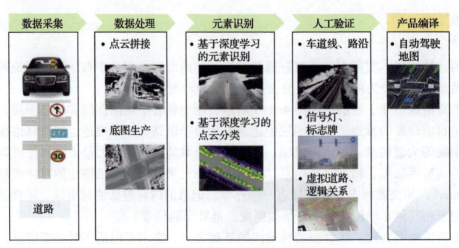

图 4-1-2　高精地图的生产流程

（1）数据采集　图 4-1-3 所示为某自动驾驶公司的数据采集车辆，该车硬件配置如下。

图 4-1-3　高精地图采集硬件

1）64 线激光雷达采集道路路面，16 线激光雷达斜向上安装检测高处红绿灯、标牌信息。

2）GPS 采用 RTK。

3）长短焦相机。

4）有监控传感器状态的部分，确保各个传感器在工作时情况良好。

5）有一键式采集方案，在一键采集之前要确认传感器是正常工作的，传感器是已经被标定过的（不同厂家对同一个地面的反射值不同）。

6）在采集过程中，双向车道要采集 3~5 遍。

7）一次采集行为会把所有结果（点云、车辆的标定参数、定位结果、pose 结果等）都放进一个包。

8）采集结束之后把数据传输给平台制图。

（2）数据处理　采集之后的数据处理如图 4-1-4 所示。由于采集过程中信号可能不稳定（RTK 在被遮挡情况下会出现不稳定现象），需要通过 SLAM 等对位姿做优化，优化之后对点云信息进行拼接得到完整的点云信息。点云信息被压缩得到定位地图图像、反射地图图像，反射地图可以做一些标注。点云图像处理后得到一个高精度图像，基于图像可以进行精确的车道线识别，获得车道线的形状特征。但系统仍需要道路虚实线、黄白线、路口标识等信息，这时候需要元素识别。

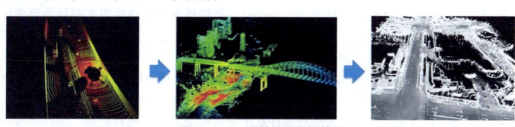

图 4-1-4　高精地图数据处理

（3）元素识别　元素识别基本上都是使用深度学习来实现地图要素的识别，如图 4-1-5 所示。基于深度学习的地图要素识别有两个层面：①是否能基于点云分割，从点云里提取特征；②尝试从点云中提取车道线、灯杆、红绿灯等。

图 4-1-5　元素识别

（4）人工验证　自动化处理的数据不可能百分之百准确，需要人工再进行最后一步的确认和完善。按照现在的情况，一名标注员修正的数据量在 30~50km，修正后的数据如图 4-1-6 所示，该数据需要上传到云端，最终形成的高精地图也通过云平台进行分发。

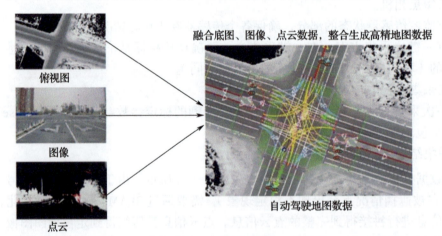

图 4-1-6　人工验证

4. 特点

高精地图和传统地图相比，特点见表 4-1-1。高精地图和传统地图的差异主要来源于使用者的不同。传统地图是供人使用的地图，而高精地图是给计算机（自动驾驶）使用的地图。因此，传统地图只需要包含道路、兴趣点（POI）等基本信息，精度大部分在米级，高精地图则要求有更详细的道路和车道模型等作为判断的依据，精度需要达到厘米级。由于人可以对突发事件和信息进行加工和处理，传统地图的服务性要求较低，更新频率也较低；与此相对地，计算机无法对不存在于先验模型的情况进行处理，因此要求较高的服务性和更新频率。传统地图主要用于导航、搜索和目视，高精地图主要用于环境感知、定位、路径规划和车辆控制。传统地图属于信息娱乐系统，高精地图则属于车载安全系统。

表 4-1-1　传统地图与高精地图对比

对比类别	传统地图	高精地图
要素和属性	道路、POI	详细的道路模型、车道模型、道路部件、道路属性和其他定位图层信息
所属系统	信息娱乐系统	车载安全系统
用途	导航、搜索、目视	定位、路径规划、车辆控制
使用者	人	计算机
服务性要求	相对低	高
更新频率	低	高
精度	米级	厘米级

5. 应用

高精地图应用于 L3 级以上的辅助 / 自动驾驶，主要有以下三大功能：地图匹配、辅助环境感知和路径规划。

（1）地图匹配　将车载 GPS、IMU、LiDAR 或摄像头的数据和高精地图数据进行匹配，从而确定车辆的位置。高精地图可以将车辆位置精准地定位于车道之上，帮助车辆获取更为准确、有效、全面的当前位置交通状况，并为无人驾驶汽车规划制定最优路线。由于存在各种定位误差，电子地图坐标上的移动车辆与周围地物并不能保持准确的位置关系，利用高精地图匹配则可以将车辆位置精准地定位在车道上，从而提高车辆定位的精度。基于定位图层的 Landmark，通过与感知结果匹配并计算距离，可以精确计算出车辆当前的位置，与其他技术手段得出的高精度定位结果相互冗余，保证车辆时刻知晓自身位置。

（2）辅助环境感知　高精地图可对传感器无法探测的部分进行补充，进行实时状况的监测及外部信息的反馈：传感器作为无人驾驶的眼睛，有其局限所在，如易受恶劣天气的影响，此时可以使用高精地图来获取当前位置精准的交通状况。高精地图提供精确道路面域以及周边设施等信息，并将人行道等对象标记为兴趣区参考，由于兴趣区内的物体会影响自动驾驶系统的驾驶行为，因此可以使自动驾驶车辆使用比较精确的模型，提前检测兴趣区内的物体，并计算每个物体的类别、速度、姿态等信息。导航系统可以准确定位地形、物体和道路轮廓，从而引导车辆行驶，尤其在传感器受环境影响失灵的情况下（大雾、冰雹、大雨），高精地图仍可全天候工作，提供自动驾驶所需信息，可以帮助自动驾驶车辆对超出视野范围的路况进行处理。

（3）路径规划　车道级的路径规划和局部路径规划是高精地图的重要应用，从起点到终点的全局路径规划结果同步到自动驾驶系统，和高精地图进行匹配参考，实现车道级的路径规划，进而实现平顺、安全的局部路径规划。高精地图中准确地记录了各个车道之间的关联关系，如可通行规则和交通规则，在车辆行人交错的复杂路口等自动驾驶场景下，可帮助车辆大幅提升对每一个路权竞争者的行为预测精度，从而得到更优的决策结果。对于提前规划好的最优路径，由于实时更新的交通信息，最优路径也可能随时发生变化，此时高精地图在云计算的辅助下，能有效地为无人驾驶汽车提供最新的路况，帮助无人驾驶汽车重新制定最优路径。

任务实施与评价

一、高精地图制作

1. 激光雷达数据采集

打开激光雷达和摄像头驱动后,在命令终端运行以下命令,录制激光雷达和摄像头数据包。

```
rosbag record/topic1/topic2 -o out.bag
```

2. SLAM 建图

(1)安装依赖 在命令终端运行以下命令,安装 slam 建图算法包依赖。

```
sudo apt-get install ros-melodic-geodesy ros-melodic-pcl-ros ros-melodic-nmea-msgs ros-melodic-libg2o
```

多线激光雷达数据采集与 hdl 建图

(2)编译功能包 把功能包放置到工作空间 /src 目录里面,打开终端,切换到工作空间目录下,运行以下命令进行编译。

```
catkin_make-DCMAKE_BUILD_TYPE=Release
```

(3)建图

1)启动 slam 建图节点。在命令终端运行以下命令,启动 salm 建图节点。

```
roslaunch hdl_graph_slam hdl_graph_slam_400.launch
```

2)播放激光雷达数据 bag。在命令终端运行以下命令,播放录制数据。

```
rosbag play --clock points.bag
```

3)打开 rviz 可视化。在命令终端运行以下命令,打开 rviz,可以可视化建图过程。

```
roscd hdl_graph_slam/rviz
rviz-d hdl_graph_slam.rviz
```

4)保存地图。在命令终端运行以下命令,调用地图保存服务,保存地图。

```
rosservice call /hdl_graph_slam/save_map "resolution: 0.05
destination: '~/home/your_workspace/map.pcd'"
```

3. 高精地图制作软件安装

(1)软件安装

1)unity hub 下载安装。从 unity 官网(https：//store.unity.com/cn/download? ref=personal)下载 unity hub 并安装(windows 环境)。

2)unity 下载安装。从 unity 官网(https：//unity.cn/releases)下载 unity 编辑器并安装(windows 环境)。

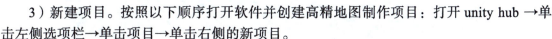

Unity 安装 1　　Unity 安装与导入插件

3)新建项目。按照以下顺序打开软件并创建高精地图制作项目：打开 unity hub →单击左侧选项栏→单击项目→单击右侧的新项目。

单击左侧的所有模板→选择 3D 核心模板→不要勾选"启动 PlasticSCM 并同意政策条款"。

单击右下角的创建项目,等待加载完成。

(2)插件安装　按照以下顺序在 unity 编辑器中安装高精地图标注插件：上方选项栏→ Window → Package Manager →新窗口左上角 + →选择安装插件的文件(该文件如图 4-1-7 所示)Add package from disk →选择存放 map 插件路径→找到 package.json 文件双击添加。

Unity 软件会自动安装高精地图标注插件,等待加载完成。加载成功后会显示 Map Toolbox 相关信息,如图 4-1-8 所示。

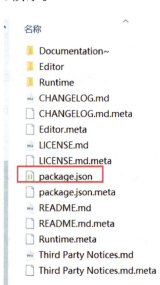

图 4-1-7　高精地图制作插件安装文件

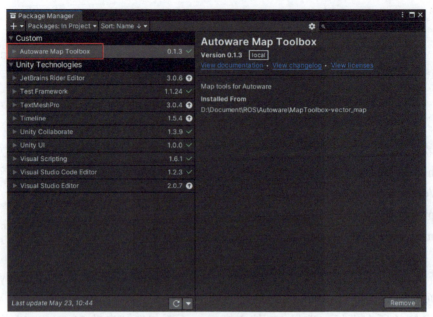

图 4-1-8　高精地图制作插件安装完成界面

4. 绘制高精地图

图 4-1-9 所示为高精地图标注软件界面，具体绘制步骤如下。

图 4-1-9　高精地图标注软件界面

（1）导入 pcd 点云地图　把 pcd 点云地图直接复制到 unity 下方的 Assets 目录下，然后再把 pcd 点云地图拉至左边选项栏中。

（2）道路标注　按照以下顺序可以标注各种道路元素：右击左边选项栏空白处→选中 autoware→选中 AutowareADASMap，此时左边选项栏中就多出一个 AutowareADASMap 选择项→选择道路元素进行标注。

（3）道路元素介绍　Add Lane 可以为地图标注行驶线；Add Signal 可以为地图标注交通信号；Add Stop Line 可以为地图标注停止线；Add White line 可以为地图标注分道线；Add Road Edge 可以为地图标注边缘线/路肩；Add Cross Walk 可以为地图标注人行道；Add Road Mark 可以为地图标注路标；Add Way Area 可以为地图标注行驶区域；Add Custom Area 可以为地图标注自定义区域。

（4）导入加载与导出保存　标注完成后，单击"Save Autoware ADASMap to folder"可以导出保存地图。在下次启动软件后，可以单击"Load Autoware ADASMap from folder"导入加载已经完成的地图。

知识与能力拓展

高精地图数据采集模式

1. 专业采集

专门从事高精地图制备工作的有关实体（在我国为具备导航电子地图甲级测绘资质的有关测绘单位）通过其自有专用数据采集车、以半自动化和全自动化的方式采集数据。专业采集获得的矢量地图精度高、可信度高，但采集成本也很高，同时图商还需常年维持一定规模的数据采集团队，并在后台统一对采集的数据进行标注及补缺。目前，仅有少量资金雄厚的图商（如高德地图、四维图新、TomTom 等）采用这种方式。

（1）优势

1）精度高：专业的测绘手段与成熟的制图工艺流程相配合，可以达到厘米级精度，能够满足不同等级自动驾驶技术对高精地图的精度要求。

2）适应性强：不同场景、不同等级的自动驾驶技术方案各有不同，矿山、园区等场景在地图测绘时也可能会采用不同的方案（采集车搭配不同的传感器），以满足定制化的需求。

3）技术成熟：专业采集技术已经经过多年的技术积累，形成了相对成熟的流程，在质量控制方面也具有相对成熟的经验，可以很好地满足车厂项目的需求。

（2）劣势

1）成本高：测绘车由于搭载了激光雷达等昂贵的设备，一台测绘车成本往往高达几十万元甚至几百万元。

2）数据量大：由于采集的地图要素多而精细，在存储和传输过程中，需要的存储容量和带宽要求也非常惊人，这也是目前高精地图的采集、制作基本上以项目/区域为主，还并未形成一张全国高精地图的原因。

3）专业人员需求：外业采集人员需要具备专业的知识且经过多年培训，才能完成任务。而且后续在制图过程中也需要大量内业人员参与绘图、切片等制作流程。

4）新鲜度维系不易：专业采集受制于采集车的使用频率与地图的制作工艺，在日新月异的建设速度下，数据新鲜度的维持变得越发重要且不易。

2. 众包采集

（1）优势　图商或其他数据采集商（发包方）利用配备激光雷达或摄像头等传感器的第三方普通车辆（如整车厂的量产车）进行实时数据采集，并上传到发包方的云服务器。这一模式又细分为以下两种数据采集方式：①视觉方式，即发包方通过在合作车辆上安装智能摄像头（如以色列的 Mobileye）、智能后视镜、行车记录仪等或在合作驾驶人用户手机上安装相关 APP（如美国的 lvl5）的方式采集并上传数据；②雷达方式，即发包方（如美国的 DeepMap）通过车载激光雷达获取激光点云数据、轨迹和照片，利用人工智能识别处理地面路线、道路特征相关信息，实现地图更新。

1）相对成本较低。与昂贵的专业激光雷达测量车相比，成本较低，普通车辆经过简易改造即可执行任务。

2）数据来源非常丰富、实时性好。大量非专业采集车辆在行驶中即可即时获取道路状况发生的变化，这种用户原创内容（UGC）的数据产生方式可以及时完成路况数据快速检阅与更新。

3）能实现实时更新的低成本和可量产化。众包采集具有一些非常显著的优势，我国大约有 600 万 km 的道路数据，如果按照专业测绘的方式采集，成本与时耗都将是个天文数字。

（2）劣势

1）传感器数据来源和标准不一。由于各家众包方案使用的传感器不一样，导致数据来源、精度、格式标准都不统一，各种传感器采集的数据在融合时会出现一定难度。

2）精度不够。众包方案产生的数据大多是视频数据，精度较低。图像包含的信息量非常大且大部分为非结构化数据。实际上，这些非结构化数据要处理成结构化数据，是要通过标定和 AI 算法把图像数据变成矢量化数据。如果精度比较低的话，后续处理会更加复杂。为了提高精度达到高精地图的要求，需要海量的数据进行数据聚合，这也造成了很难通过众包的方式做成第一张高精地图。

3）政策门槛。目前没有对于众包数据采集的行政许可，根据《中华人民共和国测绘法》对测绘行为的定义，企业性质的大范围带 GPS 或不带 GPS 的地理数据搜集行为属于测绘行为，这些数据需要由有甲级导航电子地图资质的图商收集处理。

4）技术门槛高。众包制图整个过程涉及计算机视觉技术、AI 技术、数据融合技术等目前业界的一些尖端技术，有些技术目前还相对不成熟。

强化练习

1. 高精地图的精度能够达到（　　），数据维度不仅增加了车道属性相关数据，还有高架、物体、防护栏、路边地标等大量目标数据，能够明确区分车道线类型、路边地标等细节。

　　A. 厘米级别　　B. 米级别　　C. 5m 级别　　D. 毫米级别

2. 高精地图可帮助各种传感器更好地完成对环境的感知，为自动驾驶汽车提供更完备丰富的周边环境信息和更精确的定位。它也可以视为是一种特殊形式的传感器，为自动驾驶汽车先验知识积累形成（　　），这对于实现自动驾驶具有重要的作用，是自动驾驶技术落地的关键驱动力。

　　A. 短期记忆　　B. 长期记忆　　C. 实时计算　　D. 离线计算

3. 判断题：我们日常使用的用于导航、查询地理信息的地图都属于传统电子地图。（　　）

4. 判断题：高精地图的制作只需要 GPS 便可完成。（　　）

5. 判断题：与传统电子地图不同，高精地图的主要服务对象是自动驾驶系统。（　　）

6. 判断题：高精地图的信息量与质量直接决定了自动驾驶系统的安全性、可靠性以及效率。（   ）
7. 判断题：高精地图就是精度更高、数据维度更多的电子地图，其精度要精确到厘米级别。（   ）
8. 简述高精地图在智能网联汽车技术中的作用。

任务二　目标检测深度学习数据集制作

学习目标

知识目标
了解深度学习技术在环境感知中的应用。

能力目标
能读懂 VOC、COCO 等常用深度学习数据集的文件结构，并能使用标注工具完成数据的标注，制作训练数据集。

素养目标
通过数据集标注制作，能对工作成果的质量负责，培养学生爱岗敬业、责任心和一丝不苟的工作精神。

任务描述

在过去的十年里，自动驾驶汽车技术取得了很大的进步，这主要得益于深度学习和人工智能领域的进步，而深度学习离不开数据。在此任务部分，我们对深度学习定义及自动驾驶应用、数据集的组成等内容进行学习。在此基础上，安装数据集标注软件，完成数据采集、数据标注、数据集制作等任务。通过此任务的学习，你将具备数据采集和数据集标注制作的能力，为将来智能网联车辆数据集标注工作打下基础。

任务准备

VOC 数据集认知

1. 定义

（1）深度学习　计算机是不认识图像的，只认识数字 0 和 1。为了使计算机能够"理解"图像,从而具有真正意义上的"视觉",通过从图像中提取有用的数据或信息,得到图像的"非图像表示或描述",如数值、向量和符号等,这一过程就是特征提取,而提取出来的这些"非图像表示或描述"就是特征。上述的特征提取一般包括点、线、图像分割、光流、机器学习特征、SVM 行人车辆识别等要素提取。

有了这些数值或向量形式的特征,再通过建立特征库,我们就可以通过训练过程教会计算机如何理解这些特征,从而使计算机具有识别图像的本领。

目前图像特征的提取主要有两种方法:传统图像特征提取方法和深度学习方法。传统图像特征提取方法基于图像本身的特征进行提取,深度学习方法基于样本自动训练出区分图像的特征分类器。传统图像特征提取一般分为三个步骤:预处理、特征提取、特征处理;然后再利用机器学习等方法对特征进行分类等操作。

- 预处理:预处理的目的主要是排除干扰因素,突出特征信息,主要的方法有图片标准化(调整图片尺寸)和图片归一化(调整图片重心为0)。
- 特征提取:利用特殊的特征子空间,完成对图像的特征提取。涉及算法主要有 Harris、SIFT、SURF、LBF、HOG、DPM。
- 特征处理:主要目的是排除信息量小的特征,减少计算量等。常见的特征处理方法是降维,常见的降维方法有主成分分析、奇异值分解、线性判别分析。

深度学习(Deep Learning,DL)是一类模式分析方法的统称,属于机器学习(Machine Learning,ML)领域中一个新的研究方向。深度学习通过学习样本数据的内在规律和表示层次,能够让机器像人一样具有分析、学习能力,可识别文字、图像和声音等数据,从而实现人工智能(Artificial Intelligence,AI)。

深度学习在图像领域的任务如图 4-2-1 所示,包括图像分类、目标检测、语义分割和实例分割。

图 4-2-1 深度学习在图像领域的任务

图像分类任务的目的是判断图像中包含物体的类别,如果期望判别多种物体则称为多目标分类。需要注意的是,基本的图像分类任务并不要求给出物体所在位置,也不需要判断含有物体的数量。目标检测的任务是定位出图像中某一物体类别信息和所在位置。语义分割任务需要对图像中所有像素点进行分类，将相同类别的像素归为相同的标签（常采用相同的像素点表示，语义分割是在像素级别进行的）。实例分割不仅需要将图像中所有像素进行分类，还需要区分相同类别中不同个体，不需要对每个像素进行标记。全景分割相当于语义分割和实例分割的结合，即要对所有目标都检测出来，又要区分出同个类别中的不同实例，如图4-2-2所示。

a）图片

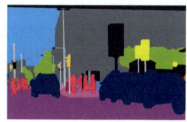
b）语义分割

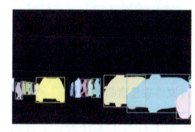
c）实例分割

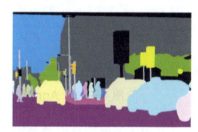
d）全景分割

图4-2-2　全景分割

（2）PASCAL VOC　PASCAL VOC（The PASCAL Visual Object Classes）挑战赛是一个世界级的计算机视觉挑战赛。

很多优秀的计算机视觉模型，如分类、定位、检测、分割、动作识别等模型都是基于PASCAL VOC挑战赛及其数据集推出的，尤其是一些目标检测模型（比如大名鼎鼎的RCNN系列，以及后面的YOLO、SSD等）。PASCAL VOC从2005年开始举办挑战赛，每年的内容都有所不同，从最开始的分类，到后面逐渐增加检测、分割、人体布局、动作识别等内容，数据集的容量和种类也在不断地增加和改善。该项挑战赛催生出了一大批优秀的计算机视觉模型（尤其是以深度学习技术为主的）。如今，挑战赛和其所使用的数据集已经成为对象检测领域普遍接受的一种标准。

2. 组成

数据集下载后解压得到一个名为VOCdevkit的文件夹，该文件夹结构如下：
└── VOCdevkit　　根目录
　　└── VOC2012　　不同年份的数据集，这里只下载了2012年的，还有2007年等其他年份的
　　　　├── Annotations　　存放xml文件，与JPEGImages中的图片一一对应，解释图片的内容等
　　　　├── ImageSets　　该目录下存放的都是txt文件，这些txt文件将数据集的图

片分成了各种集合。如 Main 下的 train.txt 中记录的是用于训练的图片集合，txt 文件中每一行包含一个图片的名称，末尾会加上 ±1 表示正负样本

```
      │    ├────  Action
      │    ├────  Layout
      │    ├────  Main
      │    └────  Segmentation
      ├──── JPEGImages              存放源图片
      ├──── SegmentationClass       存放的是图片，语义分割相关
      └──── SegmentationObject      存放的是图片，实例分割相关
```

1）Annotations。Annotations 文件夹的内容如图 4-2-3 所示。

图 4-2-3　Annotations 文件夹包含的内容

其中 xml 主要介绍了对应图片的基本信息，如来自哪个文件夹、文件名、来源、图像尺寸以及图像中包含哪些目标以及目标的信息等。内容如下：

\<annotation\>

\<folder\>VOC2012\</folder\> # 表明图片来源

\<filename\>2007_000027.jpg\</filename\> # 图片名称

\<source\> # 图片来源相关信息

\<database\>The VOC2007 Database\</database\>

\<annotation\>PASCAL VOC2007\</annotation\>

\<image\>flickr\</image\>

\</source\>

\<size\> # 图像尺寸

\<width\>486\</width\>

\<height\>500\</height\>

\<depth\>3\</depth\>

\</size\>

\<segmented\>0\</segmented\> # 是否用于分割

\<object\> # 包含的物体

\<name\>person\</name\> # 物体类别

\<pose\>Unspecified\</pose\>

```
<truncated>0</truncated>
<difficult>0</difficult> # 目标是否难以识别（表示容易识别）
<bndbox> # 物体的 bbox
<xmin>174</xmin>
<ymin>101</ymin>
<xmax>349</xmax>
<ymax>351</ymax>
</bndbox>
<part> # 物体的头
<name>head</name>
<bndbox>
<xmin>169</xmin>
<ymin>104</ymin>
<xmax>209</xmax>
<ymax>146</ymax>
</bndbox>
</part>
<part> # 物体的手
<name>hand</name>
<bndbox>
<xmin>278</xmin>
<ymin>210</ymin>
<xmax>297</xmax>
<ymax>233</ymax>
</bndbox>
</part>
<part>
<name>foot</name>
<bndbox>
<xmin>273</xmin>
<ymin>333</ymin>
<xmax>297</xmax>
<ymax>354</ymax>
</bndbox>
</part>
<part>
<name>foot</name>
```

```
<bndbox>
<xmin>319</xmin>
<ymin>307</ymin>
<xmax>340</xmax>
<ymax>326</ymax>
</bndbox>
</part>
</object>
</annotation>
```

2）ImageSets 文件夹。ImageSets 包含四个子文件夹，如图 4-2-4 所示。

图 4-2-4　ImageSets 文件夹包含的内容

各个文件夹中存放的是各种用途的 txt 文件。

Action：存放的是人的动作（如 running、jumping 等，这也是 VOC 挑战赛的一部分）。

Layout：存放的是具有人体部位的数据（如人的 head、hand、feet 等，这也是 VOC 挑战赛的一部分）。

Main：存放的是图像物体识别的数据，总共分为 20 类。

Segmentation：存放的是可用于分割的数据。

3）JPEGImages 文件夹。该文件夹存放的是数据集的所有源图片，如图 4-2-5 所示。

图 4-2-5　数据集源文件

4）SegmentationClass 文件夹。如图 4-2-6 所示，SegmentationClass 文件夹存放的是语义分割相关的图片。

5）SegmentationObject 文件夹。如图 4-2-7 所示，SegmentationObject 文件夹存放的是

实例分割相关的图片。

图 4-2-6　语义分割图片

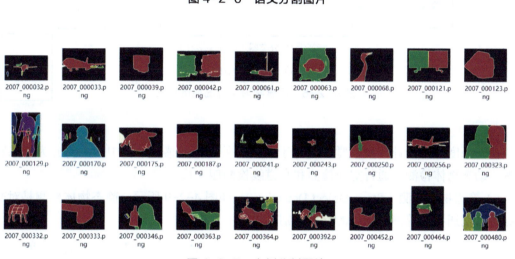

图 4-2-7　实例分割图片

3. 特点

传统视觉算法有着自身的一些瓶颈，无论单目摄像头还是多目摄像头，传统视觉算法都是基于人为特征提取得到样本特征库去识别计算。而随着类别数量的增加，特征提取变得越来越麻烦。要确定哪些特征最能描述不同的目标类别，取决于计算机视觉工程师的判断和长期试错。每个特征定义还需要处理大量参数，所有参数必须由计算机视觉工程师进行调整。

在自动驾驶车辆行驶过程中，如发现特征库没有该样本或特征库样本不准确，都会导致传统视觉算法无法识别，另外传统视觉算法还有在复杂场景下分割不佳等情况。因此，基于人为特征提取的传统视觉算法具有性能瓶颈，无法完全满足自动驾驶的目标检测。

如图 4-2-8 所示，相对于传统视觉算法，深度学习引入了端到端学习的概念，即向机器提供的图像数据集中的每张图像均已标注目标类别。因而深度学习模型基于给定数据训练得到，其中神经网络发现图像类别中的底层模式，并自动提取出对于目标类别最具描述性和最显著的特征。人们普遍认为深度学习的性能大大超过传统算法,虽然前者在计算要求和训练时间方面有所取舍。随着计算机视觉领域中最优秀的方法纷纷使用深度学习,计算机视觉工程师的工作流程出现巨大改变,手动提取特征所需的知识和专业技能被使用深度学习架构进行迭代所需的知识和专业技能取代。

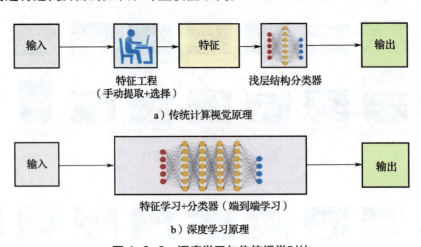

图 4-2-8 深度学习与传统视觉对比

4. 应用

基于深度学习的计算机视觉,应用于无人驾驶的视觉感知系统中,主要分为静态物体检测、动态物体检测、通行空间检测和车道线检测四大块。

1)静态物体检测(Static Object Detection)。如图 4-2-9 所示,静态物体检测是对交通红绿灯、交通标志等静态物体的检测识别。

图 4-2-9 静态物体检测

2)动态物体检测(Dynamic Object Detection)。如图 4-2-10 所示,动态物体检测包括对车辆(轿车、货车、电动车、自行车)、行人等动态物体的 3D 识别与跟踪(ID)。

3)通行空间检测(Free Space Detection)。如图 4-2-11 所示,通行空间检测对车辆行驶的安全边界(可行驶区域)进行划分,主要对车辆、普通路边沿、侧石边沿、没有障碍物可见的边界、未知边界进行划分。

图 4-2-10　动态物体检测

图 4-2-11　通行空间检测

4）车道线检测（Lane Detection）。如图 4-2-12 所示，车道线检测是对各类车道线（单侧/双侧车道线、实线、虚线、双线）进行检测，还包括线型的颜色（白色/黄色/蓝色）以及特殊车道线（汇流线、减速线等）的检测。

图 4-2-12　车道线检测

任务实施与评价

VOC 数据集制作

1. 安装 LabelImg

在命令终端运行以下命令，安装 LabelImg 标注软件，完成安装后启动软件。

```
unzip labelImg.zip
cd labelImg
sudo apt install python3-pip
sudo apt-get install pyqt5-dev-tools
sudo pip3 install -r requirements/requirements-linux-python3.txt -i https://pypi.tuna.tsinghua.edu.cn/simple
make qt5py3
pyrcc5 -o libs/resources.py resources.qrc
python3 labelImg.py
```

2. 配置工作空间

在 VOC2007 文件夹下建立三个子文件夹，分别命名为 Annotations、ImageSets、JPEGImages。在 JPEGImages 文件夹下存放训练图片，并用 000001.jpg 的样式依次命名原始图片，也可以使用脚本快速重命名。

3. 图片标注

1）打开图片目录。如图 4-2-13 所示，打开需要标注的图片目录，添加标注图片。

图 4-2-13　打开图片目录

2）修改标注文件位置。修改标注信息 xml 文件保存位置，可以使用快捷键 <Ctrl+R>。

默认为 Annotations，也可改为自定义位置，这里的路径不能包含中文，否则无法保存。

3）图片标注。如图 4-2-14 所示，对图片中需要检测的对象进行标注，并添加 label，单击保存。

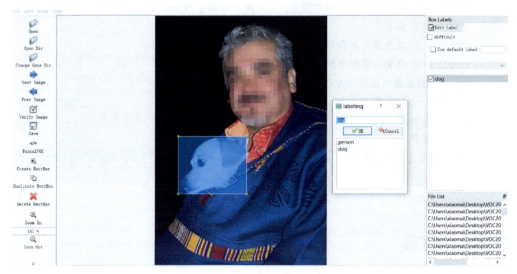

图 4-2-14　图片标注并保存

4. VOC 的默认分类

VOC 的默认分类如下：

```
aeroplane
bicycle
bird
boat
bottle
bus
car
cat
chair
cow
diningtable
dog
horse
motorbike
person
pottedplant
sheep
sofa
train
tvmonitor
```

5. 常用快捷键

Labellmg 软件常用快捷键如下：

```
Ctrl + u 加载目录中的所有图像，也可用鼠标单击 Open dir
Ctrl + s 保存
Ctrl + r 更改默认注释目录（xml 文件保存的地址）
Ctrl + d 复制当前标签和矩形框
space   将当前图像标记为已验证
w       创建一个矩形框
d       下一张图片
a       上一张图片
del     删除选定的矩形框
```

知识与能力拓展

自动驾驶数据集

（1）KITTI　KITTI 是目前最知名的自动驾驶数据集之一，一些创业公司都会使用 KITTI 的数据进行排名比赛。数据主要是通过在德国城市卡尔斯鲁厄的农村地区和高速公路上进行驾车采集。每个图像最多可以看到 15 辆汽车和 30 位行人。主要应用方向：用于评测立体图像（stereo）、光流（optical flow）、视觉测距（visual odometry）、3D 物体检测（object detection）和 3D 跟踪（tracking）等计算机视觉技术在车载环境下的性能。

（2）CityScapes　CityScapes 是目前公认最具权威性和专业性图像语义分割的评测集之一，是面向城市道路街景语义理解的数据集。其中包含了 5000 张带精细标注的图像（整张图像完整地标注且详细地标注边缘），20000 张带粗略标注的图像（图像中用多边形轮廓标注了车、指示牌、行人等主要几类，道路和建筑等没有完整标注）。数据主要采集于德国中大型城市及瑞士苏黎世。主要应用于图像语义分割（像素分割、实例分割），目标是理解街景的语义，针对城市街景做语义解析。

（3）Mapillary　Mapillary 由瑞典马尔默的 Mapillary AB 开发，用来分享含有地理标记照片的服务。其创建者想要利用众包的方式把整个世界（不仅是街道）以照片的形式存储。该数据集很庞大，共有 25000 张高分辨率标注照片、152 个对象类别。所有图像都采集自 Mapillary 中的 crowdsourced 数据库，包含了全球六大洲。其包含了不同气候环境以及拍摄视角，并且图像由不同的拍摄设备获取（手机、平板计算机、运动相机等），因此包含不同种类的相机噪声。

（4）Comma.ai's Driving Dataset　该数据集的目的是使自动驾驶方案低成本化，目前是通过手机改装来实现自动驾驶，开源的数据包含 7h 15min，分为 11 段公路行驶的行车记录仪视频数据，每帧像素为 160×320。主要应用于图像识别。

（5）Udacity's Driving Dataset　该数据集是 Udacity 的自动驾驶数据集，使用 Point

Grey 研究型摄像机拍摄的 1920×1200 分辨率的图片。采集到的数据分为两个数据集：第一个数据集包括白天情况下在美国加利福尼亚州山景城和邻近城市采集的数据，数据集包含 9423 帧超过 65000 个标注对象，标注方式结合了机器和人工。标签为乘用车、货车、行人。第二个数据集与前者大体相似，但是增加了交通信号灯的标注内容，数据集在数量上也增加到 15000 帧，标注方式完全采用人工。数据集内容除了有车辆拍摄的图像，还包含车辆本身的属性和参数信息，如经纬度、制动踏板、加速踏板、转向度、转速。主要应用于目标检测、自动驾驶。

（6）D^2-City　　该数据集是滴滴的一个大规模行车视频数据集，提供了超过 10000 段行车记录仪记录的前视视频数据。所有视频均以高清（720P）或超高清（1080P）分辨率录制。其中约 1000 段视频提供了包括目标框位置、目标类别和追踪 ID 信息的逐帧标注，涵盖了共 12 类行车和道路相关的目标类别。和现有类似数据集相比，D^2-City 的数据采集自中国多个城市，涵盖了不同的天气、道路、交通状况，尤其是极复杂和多样性的交通场景。

（7）ApolloScape　　该数据集是百度的自动驾驶数据集，包含 147000 张像素级语义标注图像，其中包括姿态信息和静态背景的深度信息，包括感知分类和路网数据等数十万帧逐像素语义分割标注的高分辨率图像数据，以及与其对应的逐像素语义标注，覆盖了来自三个城市的三个站点周围 10km 的地域。所有图像具有 3384×2710 的分辨率，类别标签数据与 CityScapes 类似，但是由于在东亚国家三轮车的盛行，还加入了一个新的三轮车的类别，并包括了所有三轮车辆。

（8）Apollo Synthetic Dataset　　该数据集是百度的自动驾驶的合成数据集，场景使用 Unity 3D 引擎创建（类似的还有 CARLA、GTA 数据集等），包含了 27.3 万种不同的具有高视觉保真度的虚拟场景（不是视频的连续帧），包括高速公路、城市、住宅、市区、室内停车库环境。数据集的最大优势是它提供了精确的地面数据，并且环境变化更多（在现实世界中实现起来相对较困难且成本更高），如一天中的不同时间和天气条件，不同的交通/障碍物以及变化的路面质量。数据集包含 2D/3D 对象数据、语义/实例级别的分割、深度和 3D 车道线数据。

（9）BDD-100k　　该数据集是 Berkeley 的大规模自动驾驶视频数据集，主要采集于美国城市一天中的许多不同时间、天气条件和超过 1100h 驾驶场景的 100000 个高清视频序列，每个视频大约 40s 长、720P、30 帧/s。在视频序列中还包括 GPS 位置、IMU 数据和时间戳。图像数据来自对每个视频第 10s 的关键帧进行采样，由此得到 10 万张图片（图片：1280×720），使用 2D 边界框标注了公交车、行人、自行车、摩托车、骑车者、货车、乘用车、火车和交通信号灯、交通标志等。数据包含视频数据集、图像分割数据集、目标检测和可行驶区域数据集。其中，分割数据集包含了大约 5000 张图像，实现了像素级和多实例的标注数据。

（10）Oxford RobotCar　　该数据集是牛津大学的项目，是对牛津的一部分连续道路进行了上百次数据采集，收集到多种天气、行人和交通情况下的数据，也有建筑和道路施工时的数据，长达 1000h 以上。要注意的是，所下载的 Oxford RobotCar Dataset 数据不包含 label 文件。因此对数据使用前，需要具体查看论文内容。主要应用于自动驾驶视觉场景分析。

（11）nuScenes　　该数据集是自动驾驶公司 nuTonomy（被德尔福旗下的安波福收购）

建立的大规模自动驾驶数据集，不仅包含 Camera 和 Lidar，还记录了雷达数据（目前少有的雷达数据集）。这个数据集由 1000 个场景组成（即 scenes，这就是该数据集名字的由来），每个 scenes 长度为 20s，包含了各种各样的情景。在每一个 scenes 中，有 40 个关键帧（key frames），也就是每秒有 2 个关键帧，其他的帧为 sweeps。关键帧经过手工标注，每一帧中都有若干个 annotation，标注的形式为 bounding box，不仅标注了大小、范围，还有类别、可见程度等。

（12）ehualu 易华录公司提供的这个数据集是进行车道线检测的，并且关于车道线的分类十分详细，可用于进一步的车道线相关分割、检测任务中。数据集包括手机拍摄的多张道路图片数据，并对这些图片数据标注了车道线的区域和类别，其中标注数据以灰度图的方式存储。标注数据是与原图尺寸相同的单通道灰度图，其中背景像素的灰度值为 0，不同类别的车道线像素分别为不同的灰度值（1~19）。

强化练习

1. 简述深度学习基本任务。
2. 简述深度学习在自动驾驶中的应用。
3. 简述 VOC 数据及制作的流程。

项目五
智能网联汽车线控底盘改装与控制测试

任务一 线控底盘控制系统改装

学习目标

知识目标

掌握线控驱动、制动和转向系统的结构组成和工作原理。

能力目标

能根据线控底盘改装方案完成各线控系统部件安装与电气连接。

素养目标

在学习线控技术过程中,培养学生自主学习、终生学习的习惯。

任务描述

线控底盘作为智能网联汽车的执行部件,需要完成来自决策控制系统的运动命令,实现各种车辆控制意图。在此部分,我们将对线控底盘各控制系统的组成和基本原理进行学习。在此基础上,完成线控底盘的电气改装。通过此任务的学习,你将具备线控底盘电气改装能力,为将来智能网联车辆线控底盘改装工作打下基础。

任务准备

如图 5-1-1 所示，线控底盘作为智能网联汽车的执行部分，需要执行上层计算平台的控制运动指令，完成此过程需要依赖底盘的线控系统（X-by-wire）。线控系统用线（电信号）的形式来取代机械、液压或气动等形式的连接，从而不需要依赖驾驶人的力或者转矩的输入。线控系统主要有五大子系统：线控转向、线控驱动、线控制动、线控悬架、线控换档。

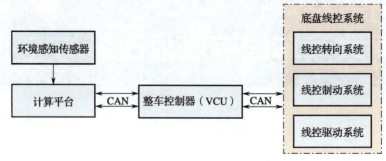

图 5-1-1　线控底盘控制原理

线控底盘总体特点如下：

①线控消除了机械连接中冲击的传递，可以降低噪声和振动，提高了驾驶的舒适性。

②采用线控可省去大量机械和管路系统及部件，电线更容易布置，使汽车的结构更加合理，并且有助于轻量化。

③线控技术通过计算机控制，使动作响应时间缩短，且能对人工驾驶时驾驶人的动作和执行元件的动作进行适时监控并进行修正，使操控更加精准，提高了系统性能。

④线控技术使整个系统的制造、装配、测试更为简单快捷，同时采用模块化结构，维护简单、适应性好、系统耐久性能良好，略加变化即可增设各种电控制功能。

⑤使用线控制动无须制动液，使汽车更为环保，无须额外维护。

⑥汽车线控技术的应用便于实现个性化设计。对于驾驶特性，如制动、转向、加速等过程，可根据用户选择设计不同的程序。

一、线控驱动系统组成与工作原理

线控驱动系统（Drive-By-Wire）是智能网联汽车实现的必要关键技术，为智能网联汽车实现自主行驶提供了良好的硬件基础。

线控驱动系统主要由加速踏板、加速踏板位置传感器、ECU、数据总线、伺服电机和加速踏板执行机构组成。该系统取消了加速踏板和节气门之间的机械结构，通过加速踏板位置传感器检测加速踏板的绝对位移。ECU 计算得到最佳的节气门开度后，输出指令驱动电机控制节气门保持最佳开度。

如图 5-1-2 所示，在电子节气门控制系统中，电子节气门通过加速踏板位置传感器将节气门需求信号转化为电压信号发送至 ECU，ECU 综合当前车速、车距、节气门开度、发动机转速等信息，计算出节气门的最佳开度。ECU 控制直流电机输出转矩，不断调节电子节气门开度，节气门位置传感器将节气门位置信号反馈给 ECU 形成闭环控制，最终使电子节气门稳定至最佳开度。

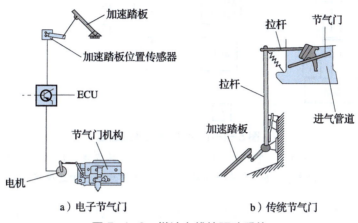

图 5-1-2　燃油车线控驱动系统

如图 5-1-3 所示，在电动汽车中取消了电子节气门，取而代之的是电动汽车整车控制器（VCU），通过接收车速信号、加速度信号以及加速踏板位移信号，实现转矩需求的计算，然后发送转矩指令给电机控制单元，进行电机转矩的控制。整车控制器把转矩需求通过动力 CAN 发送到电机控制器，电机控制器通过电流的大小来控制驱动电机实现车辆驱动控制。

图 5-1-3　电动汽车线控驱动系统

二、线控转向系统组成与工作原理

线控转向系统（Steering By Wire，SBW）是智能网联汽车实现路径跟踪与避障避险的关键技术，为智能网联汽车实现自主转向提供了良好的硬件基础，其性能直接影响主动安全与驾乘体验。

如图 5-1-4 所示，线控转向系统由方向盘模块、电子控制系统和转向执行模块组成。

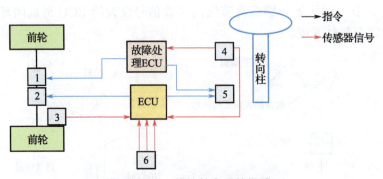

图 5-1-4 线控转向系统组成

1—故障执行电机 2—转向执行电机 3—轮速传感器 4—转角传感器
5—转矩电机 6—车速传感器、车身高度传感器、加速度传感器

方向盘模块包括方向盘、方向盘转角传感器、转矩电机。其主要功能是将驾驶人的转向意图，通过测量方向盘转角转换成数字信号并传递给主控制器；同时接收 ECU 送来的力矩信号产生方向盘回正力矩，向驾驶人提供相应的路感信号。

电子控制系统包括车速传感器，也可以增加横摆角速度传感器、加速度传感器和电子控制单元以提高车辆的操纵稳定性。系统对采集的信号进行分析处理，判别汽车的运动状态，向转矩电机和转向执行电机发送命令，控制两个电机的工作，其中转向执行电机完成车辆航向角的控制，转矩电机模拟产生方向盘回正力矩以保障驾驶人驾驶感受。

转向执行模块包括转向执行电机、转向电机控制器和前轮转向组件等，其主要功能是接收 ECU 的命令，控制转向电机实现要求的前轮转角，完成驾驶人的转向意图。

三、线控制动系统组成与工作原理

线控制动（Brake By Wire）是智能网联汽车"控制执行层"的必要关键技术，为智能网联汽车实现自主停车提供了良好的硬件基础，是实现高级自动驾驶的关键部件之一，是线控底盘技术中难度最高的，但也是最关键的技术。如图 5-1-5 所示，线控制动以电子元

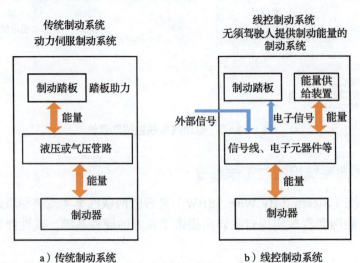

图 5-1-5 传统制动系统与线控制动系统对比

器件来取代液压或者气压控制单元。

如图 5-1-6 所示，电子液压制动系统（Electronic Hydraulic Brake，EHB）主要由电子踏板、电子控制单元（ECU）、液压执行机构等部分组成。电子踏板由制动踏板和踏板传感器（踏板位移传感器）组成。制动踏板位移传感器用于检测踏板行程，然后将位移信号转化成电信号传给 ECU，实现踏板行程和制动力按比例进行调控。

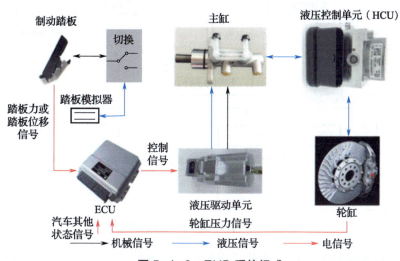

图 5-1-6　EHB 系统组成

任务实施与评价

线控底盘控制系统改装

所谓线控就是用电子信号的传送取代以前由机械、液压或气动系统连接的部分，如换挡连杆、节气门拉索、转向器传动机构、制动油路等，它不仅体现在取代了连接，而且还包括操纵机构和操纵方式的变化，以及执行机构的电气化，这将改变汽车的传统结构。本次改装主要是把驱动、转向、制动和换挡改成了线控形式。

1. 线控底盘系统的控制原理

线控底盘系统控制原理如图 5-1-7 所示，在自动驾驶智能主机与车辆执行系统（加速、制动、转向等）之间增加自动驾驶控制器，智能主机统一通过 CAN 总线进行车辆控制，自动驾驶控制器接收到主机的指令后根据各个功能的不同，转换成对应执行器的控制方式进行控制。

2. 线控驱动系统改装

如图 5-1-8 所示，线控驱动系统在原车加速踏板与原车驱动控制器之间增加自动驾驶控制器，改变了原车信号传递的路线。图 5-1-9 所示为线控驱动系统改装前后信号传递路线对比，原车的加速踏板是直接与 VCU 连接的，VCU 采集加速踏板上的电压信号，通过

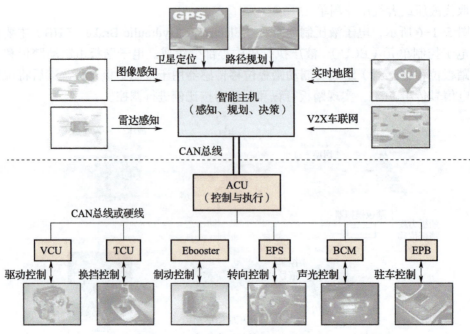

图 5-1-7 线控底盘系统控制原理

电压信号的大小控制车辆的速度；改装后增加自动驾驶控制器，手动模式下自动驾驶控制器直接将驾驶人施加在踏板上的力转换成电压信号传递至 VCU；自动模式下，驾驶人不再在踏板上施加力矩输出有效的电压信号，由自动驾驶控制单元输出加速踏板开度的指令，自动驾驶控制器接收到该指令后模拟输出加速踏板的电压信号给原车的 VCU，实现控制车速的目的。

图 5-1-8 线控驱动改装前后系统组成对比

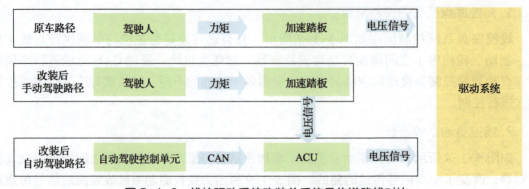

图 5-1-9 线控驱动系统改装前后信号传递路线对比

改装后的加速踏板接线如图 5-1-10 所示。

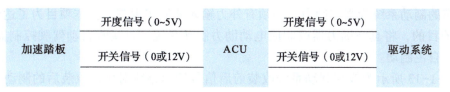

图 5-1-10　线控驱动改装后电气原理

3. 线控转向系统改装

原车的转向系统只能通过接收驾驶人施加在方向盘上的力矩进行转向控制，本项目为了达到能够对转向系统进行线控的目的，更换了原车的转向系统，使之能接收 CAN 信息进行转向。

图 5-1-11 所示为线控转向系统改装前后信号传递路线对比。改装后的转向系统，手动模式下驾驶人通过对方向盘的操作进行转向，与原车一致；自动模式下，在无方向盘转向力矩输入的情况下，自动驾驶控制单元输出包含转向角度的 CAN 信号给自动驾驶控制器，自动驾驶控制器接收到该信号后发送相关的控制报文给 EPS 控制器，实现车辆的自主转向。自动模式下，转向功能通过 CAN 报文实现，自动驾驶控制器与 EPS 控制器之间的通信介质为 CANH 和 CANL（黄色为高，蓝色为低）。

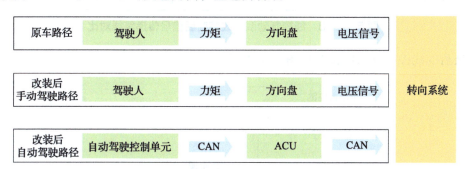

图 5-1-11　线控转向系统改装前后信号传递路线对比

改装后的转向系统接线如图 5-1-12 所示。

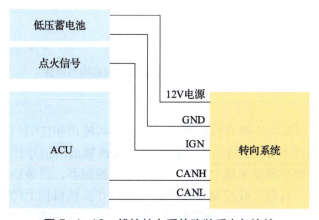

图 5-1-12　线控转向系统改装后电气连接

4. 线控制动系统改装

原车的制动系统为真空助力，必须有外力输入才能实现制动。本项目为了达到能够线控制动的目的，将真空助力器改制成电动助力制动系统，可接收自动驾驶控制器的 CAN 信号进行自主制动。

图 5-1-13 所示为线控制动系统改装前后信号传递路线对比。改装后的制动系统，手动模式下驾驶人通过对制动踏板的操作进行制动，与原车的制动方式一致；自动模式下，自动驾驶控制单元输出包含制动踏板开度的 CAN 信号给自动驾驶控制器，自动驾驶控制器接收到该信号后发送相关的控制报文给线控制动系统控制器，实现车辆的自主制动。制动系统与自动驾驶控制器之间通过 CAN 总线进行通信，因此包含 CANH 和 CANL 的通信线缆，并且配备电源正 BAT、电源地 GND 和点火 IGN。

图 5-1-13　线控制动系统改装前后信号传递路线对比

改装后的线控制动系统接线如图 5-1-14 所示。

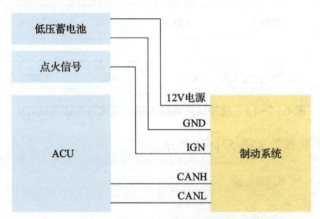

图 5-1-14　线控制动系统改装后电气连接

5. 线控换挡

原车挡位控制是以驾驶人操作换挡机构，换挡机构输出相应的挡位信号给原车驱动系统的方式进行换挡。图 5-1-15 所示为线控换挡系统改装前后信号传递路线对比。改装的方式是在换挡机构与原车驱动系统之间加入自动驾驶控制器，改装后的手动模式仍然是由驾驶人旋转换挡旋钮，自动驾驶控制器接收到驾驶人在换挡机构上的操作，将其输出给原车驱动系统；自动模式下由自动驾驶控制单元输出包含挡位切换指令的 CAN 信号，自动驾驶控制器接收到相关的指令后模拟相应的电压信号给驱动系统。

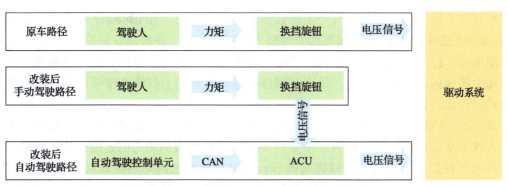

图 5-1-15　线控换挡系统改装前后信号传递路线对比

改装后的线控换挡系统接线如图 5-1-16 所示。

图 5-1-16　线控换挡系统改装后电气连接

知识与能力拓展

iBooster 工作原理

博世 iBooster 是一种不依赖真空源的制动助力机构，其结构组成如图 5-1-17 所示，包括制动主缸、回位弹簧、踏板行程传感器、直流无刷电机、电子控制单元、二级齿轮传动装置、助力器阀体、输入推杆等。iBooster 的工作原理与传统真空助力器类似：通过

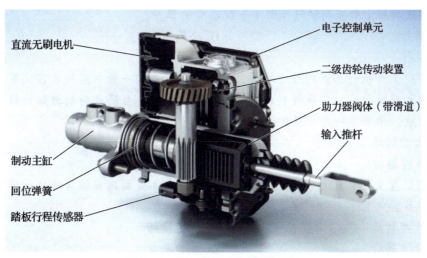

图 5-1-17　iBooster 结构组成

阀体控制进入助力器后腔的空气产生踏板制动要求的助力。在 iBooster 模式下，由集成在 iBooster 里的踏板行程传感器探测助力器输入推杆的位移，并将该位移信号发送至 iBooster 的控制单元。控制单元计算出电机应产生的转矩要求，再由二级齿轮传动装置将该转矩转化为助力器阀体的伺服制动力。助力器阀体的输出力和助力器输入推杆的输入力在制动主缸内共同转化为制动液压力。

iBooster 还能支撑驾驶辅助系统。通过电机工作，iBooster 能够实现主动建压，而无须驾驶人踩下制动踏板。与典型的 ESP 系统相比，获得所需制动力的速度提高了三倍，并且可通过电子控制系统进行更加精确的调节，这对自动紧急制动系统来说是一个巨大优势。例如，紧急情况下，iBooster 可在约 120ms 内自动建立全制动压力。这不仅有助于缩短制动距离，还能在碰撞无法避免时降低撞击速度和对当事人的伤害风险。此外，iBooster 还能支持自适应巡航控制（ACC）模式，帮助驾驶人进行舒适制动直至车辆完全停止，驾驶人几乎察觉不到振动和噪声。这对电动车来说具有十分显著的优势，因为环境噪声在这类车辆中会更加明显。

与 ESP 结合，iBooster 能够为自动驾驶提供冗余制动备份。iBooster 和 ESP 均可通过机械力帮助车辆在任何情况下停止行驶。

iBooster 采用了双安全失效模式。第一道安全失效模式将两种故障情况考虑在内。如果车载电源不能满负载运行，那么 iBooster 则以节能模式工作，以避免给车辆电气系统增加不必要的负荷，同时防止车载电源发生故障。如果 iBooster 发生故障，ESP 系统会接管并提供制动助力。在上述两种情况下，制动系统均可在 200N 的踏板力作用下提供 0.4g 的减速度，在更大踏板力乃至完全减速时同样如此。在第二道安全失效模式，如果车载电源失效，即断电模式下，则可通过机械力式作为备用：驾驶人可以通过无制动助力的纯液压模式对所有四个车轮施加制动，使车辆安全停止，同时满足所有法规要求。

强化练习

1. 线控底盘属于智能网联汽车哪个系统层面的部件？
   A. 感知　　　　　　　　　　B. 决策
   C. 执行　　　　　　　　　　D. 都不是

2. （　　）为执行系统的核心功能，目前全球领先的一级供应商依靠成熟的底盘控制技术和规模效应，在线控制动领域占据主导地位，且底盘控制通信协议及接口不对外开放，形成了一定程度的行业壁垒。
   A. 线控制动　　　　　　　　B. 线控转向
   C. 线控驱动　　　　　　　　D. 线控换挡

3. 线控底盘主要有五大系统，线控转向和（　　）是面向自动驾驶执行端方向最核心的产品。
   A. 线控制动　　　　　　　　B. 线控换挡
   C. 线控驱动　　　　　　　　D. 线控悬架

4. 汽车线控技术是将驾驶人的操纵意图和动作，通过特定传感器转变为（　　），再通过电缆直接传输到执行机构。
   A. 电信号　　　　　　　　　　B. 电压信号
   C. 电流信号　　　　　　　　　D. 相位信号
5. 以下不属于线控制动系统优点的是（　　）。
   A. 结构简单，整车质量小
   B. 便于扩展和增加其他电控制功能
   C. 可以使用具有容错功能的车用网络通信协议
   D. 存在控制系统及其电子设备的可靠性问题
6. 判断题：目前，汽车线控技术主要应用在线控转向系统、线控驱动系统、线控制动系统等。　　　　　　　　　　　　　　　　　　　　　　　　　　（　　）
7. 判断题：电子液压式线控制动系统从结构上可分为整体式和分体式。　（　　）
8. 简述纯电动汽车线控驱动系统的工作原理。

任务二　线控底盘 CAN 通信测试

学习目标

知识目标

掌握 CAN 通信矩阵识读方法与 CAN 通信调试软件的使用方法。

能力目标

能根据 CAN 通信协议文件资料和 CAN 调试软件完成 CAN 报文的获取解析与发送，并对车辆的线控功能进行测试。

素养目标

通过查阅技术手册，培养学生严谨与一丝不苟的工作态度。

任务描述

线控底盘作为智能网联汽车的执行部件，通过 CAN 通信完成来自决策控制系统的运动命令，实现各种车辆控制意图。在此部分，我们将对 CAN 通信矩阵的组成、参数含义和识读方法进行学习。在此基础上，完成线控底盘 CAN 通信调试任务。通过此任务的学习，你将具备线控底盘 CAN 通信调试能力，为将来智能网联车辆线控底盘调试工作打下基础。

任务准备

CAN 通信矩阵识读

1. CAN 总线架构简介

控制器局域网（Controller Area Network，CAN）属于现场总线的范畴，是一种有效支持分布式控制系统的串行通信网络，是由德国博世公司在 20 世纪 80 年代专门为汽车行业开发的一种串行通信总线。由于其高性能、高可靠性以及独特的设计而越来越受到人们的重视，被广泛应用于汽车、航空、工业控制、安全防护等领域。随着 CAN 总线在各个行业和领域的广泛应用，对其的通信格式标准化也提出了更严格的要求。1991 年，CAN 总线技术规范（Version 2.0）制定并发布。该技术规范共包括 A 和 B 两个部分。其中 2.0A 给出了 CAN 报文标准格式，而 2.0B 给出了标准和扩展两种格式。

CAN 总线特点如下：

1）可以多主方式工作，网络上任意一个节点均可以在任意时刻主动地向网络上的其他节点发送信息，而不分主从，通信方式灵活。

2）网络上的节点（信息）可分成不同的优先级，可以满足不同的实时要求。

3）采用非破坏性总线仲裁机制，当两个节点同时向网络上传送信息时，优先级低的节点主动停止数据发送，而优先级高的节点可不受影响地继续传输数据。

4）可以点对点、一点对多点（成组）及全局广播几种传送方式接收数据。

5）直接通信距离最远可达 10km（速率 5kbit/s 以下）。

6）通信速率最高可达 1Mbit/s（此时距离最远 40m）。

7）节点数实际可达 110 个。

8）采用短帧结构，每一帧的有效字节数为 8 个。

9）每帧信息都有 CRC 校验及其他检错措施，数据出错率极低。

10）通信介质可采用双绞线，同轴电缆和光导纤维，一般采用廉价的双绞线即可，无特殊要求。

11）节点在错误严重的情况下，具有自动关闭总线的功能，切断它与总线的联系，以使总线上的其他操作不受影响。

如图 5-2-1 所示，CAN 节点通常由三部分组成：CAN 收发器、CAN 控制器和 MCU。CAN 总线通过差分信号进行数据传输，CAN 收发器将差分信号转换为 TTL 电平信号，或者将 TTL 电平信号转换为差分信号，CAN 控制器接收 TTL 电平信号并传输给 MCU。

2. CAN 通信矩阵定义

CAN 通信矩阵通常由整车厂完成定义，车辆网络中的各个节点需要遵循该通信矩阵才能完成信息的交互和共享。通信矩阵中详细定义了 CAN 报文 data 字段各个 bit 的详细释义。CAN 报文 Message 单次可传送 8B，即 64bit 信息，64bit 由多个 signal 组成，各个

signal 分布在 Message 的不同位置。图 5-2-2 所示为某报文信号组成示例。

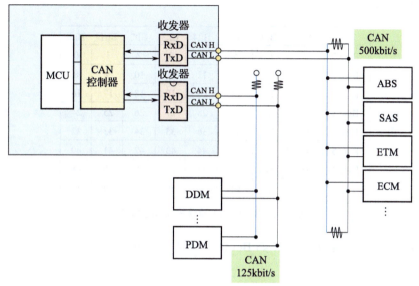

图 5-2-1　CAN 总线系统组成

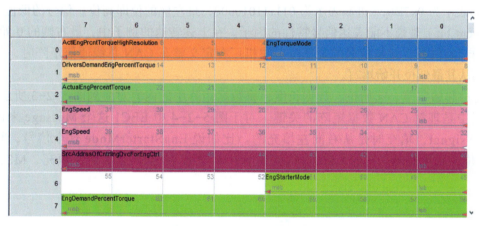

图 5-2-2　CAN 报文示例

3. CAN 通信矩阵组成

供应商在开发 ECU 软件的时候，主机厂必须提供其设计版的信号矩阵，明确具体的 ECU 收发的报文及对应的信号。通常情况下会包括以下部分。

1）信号名称。一般是以发送节点的名字开头，"_" 后面是具体指代的内容，如 BMS_GeneralStatus。

2）信号长度。该信号的长度，单位是位（bit）。

3）精度 / 偏移量。描述信号值如何转变成信号物理值。比如精度是 2，偏移量是 5，那么信号的真实物理值 = 信号值 ×2+5。

4）物理值范围。经过物理值转换后的最大最小值。

5）起始字节。起始位所在的字节序号，Byte0~Byte7。

6）起始位。信号 LSB（Least Significant Bit）所在的位置，通常这个位置是按照图 5-2-3 来说明的。

	Bit7	Bit6	Bit5	Bit4	Bit3	Bit2	Bit1	Bit0
Byte 0	7	6	5	4	3	2	1	0
Byte 1	15	14	13	12	11	10	9	8
Byte 2	23	22	21	20	19	18	17	16
Byte 3	31	30	29	28	27	26	25	24
Byte 4	39	38	37	36	35	34	33	32
Byte 5	47	46	45	44	43	42	41	40
Byte 6	55	54	53	52	51	50	49	48
Byte 7	63	62	61	60	59	58	57	56

图 5-2-3　CAN 通信报文数据填充

7）信号类型。信号数据类型，如 Boolean 还是 Unsigned。

4. CAN 矩阵识读

信号的高位（most significant bit）是最能表达信号特性的因子。比如转速 2000r/min，16 进制表示为 0x7D0，2 进制表示为 011111010000，最左侧的位即高位。信号的低位（least significant bit）是最不能表达信号特性的因子。在上述转速的例子中，最右侧的 0 即低位。信号的起始位其实就是信号的最低位。主机厂在定义整车 CAN 总线通信矩阵时，每一个信号都从其最低位开始填写。

通过起始字节、起始位、数据长度，将数据矩阵中的内容对应到图 5-2-3 所示 64 个小格子中是理解 CAN 数据矩阵的关键。对于图 5-2-4 中 EEC1 这个 Message 来说，它有 8 个 signal，填充时是从右向左填充的。比如说 EngStarterMode 这个信号，初始是第 48 位，长度是 4，它的 LSB 自然就在 Byte6 的第 48 位，之后向左填充，MSB 是第 51 位。

Definition　Signals　Transmitters　Receivers　Layout　Attributes　Comment

Signal	Message	Multiplexing/Group	Startbit	Length [Bit]	Byte Order	Value Type
EngTorqueMode	EEC1	-	0	4	Intel	Unsigned
DriversDemandEngPercentTorque	EEC1	-	8	8	Intel	Unsigned
ActualEngPercentTorque	EEC1	-	16	8	Intel	Unsigned
EngSpeed	EEC1	-	24	16	Intel	Unsigned
EngStarterMode	EEC1	-	48	4	Intel	Unsigned
EngDemandPercentTorque	EEC1	-	56	8	Intel	Unsigned
ActlEngPrcntTorqueHighResolution	EEC1	-	4	4	Intel	Unsigned
SrcAddrssOfCntrllngDvcForEngCtrl	EEC1	-	40	8	Intel	Unsigned

图 5-2-4　CAN 报文信号起始字节与数据长度

当信号跨字节时，CAN 矩阵的识读分为 Intel 和 Motorola 两种格式。

1）Intel 格式。信号的高位（S_msb）将被放在高字节（MSB）的高位，信号的低位（S_lsb）将被放在低字节（LSB）的低位。信号的起始位就是低字节的低位。如图 5-2-5 所示，反映到矩阵图中就是以起始位为原点，自上而下阅读。

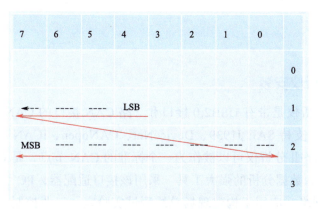

图 5-2-5　Intel 格式读取顺序

以图 5-2-6 所示报文中 EngSpeed 这个信号为例，起始位是 24bit，先填充 Byte3，之后向下填充 Byte4，MSB 在 39bit 上。

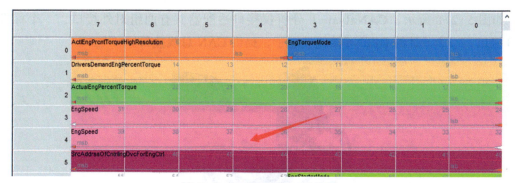

图 5-2-6　EngSpeed 信号

2）Motorola 格式。信号的高位（S_msb）将被放在低字节（MSB）的高位，信号的低位（S_lsb）将被放在高字节（LSB）的低位。这样，信号的起始位就是高字节的低位。如图 5-2-7 所示，反映到矩阵图中就是以起始位为原点，自下而上阅读。

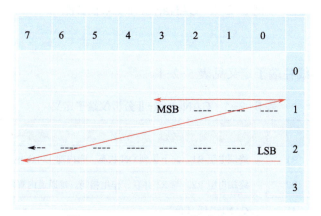

图 5-2-7　Motorola 格式读取顺序

任务实施与评价

一、CAN 分析仪安装

CANalyst-Ⅱ分析仪是带有 USB2.0 接口和 2 路 CAN 接口的 CAN 分析仪，具备 CAN 总线协议分析功能，支持 SAE J1939、DeviceNet、CANopen、iCAN 以及自定义高层协议分析功能。CANalyst-Ⅱ分析仪可以被作为一个标准的 CAN 节点，是 CAN 总线产品开发、CAN 总线设备测试、数据分析的强大工具。采用该接口适配器，PC 可以通过 USB 接口连接一个标准 CAN 网络，应用于构建现场总线测试实验室、工业控制、智能楼宇、汽车电子等领域中，进行数据处理、数据采集、数据通信。同时，CANalyst-Ⅱ分析仪具有体积小、方便安装等特点，也是便携式系统用户的最佳选择。

1. 接口

如图 5-2-8 所示，CANalyst-Ⅱ分析仪接口适配器共有两组对外接口，一个标准的 USB 接口，一个 6 针的 OPEN6 接线柱端子，提供 CAN 总线接口。

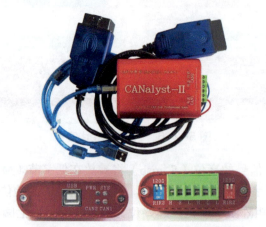

图 5-2-8　CANalyst-Ⅱ分析仪套件

2. 信号定义

6 针的 OPEN6 接线柱端子定义见表 5-2-1。

表 5-2-1　CANalyst-Ⅱ分析仪端子定义

项目	名称	描述
（高速）CAN1	R1	终端电阻 R1。向下拨到 ON 状态，则内部 120Ω 电阻会被接入总线
	R2	终端电阻 R2。与 R1 并联，作用相同。每通道内置两个电阻
	H	CAN1 总线 H 信号
	S	屏蔽线接口，若通信线为屏蔽线可接屏蔽层，否则可接地或不接
	L	CAN1 总线 L 信号

（续）

项目	名称	描述
（高速）CAN2 当配置为 高速 CAN 时	R1	终端电阻 R1。向下拨到 ON 状态，则内部 120Ω 电阻会被接入总线
	R2	终端电阻 R2。与 R1 并联，作用相同。每通道内置两个电阻
	H	CAN2 总线 H 信号
	S	CAN 信号地，若通信线为屏蔽线可接屏蔽层，否则可接地或不接
	L	CAN2 总线 L 信号
（容错）CAN2 当配置为 低速容错 CAN 时	R1	当 CAN2 通道配置为低速容错 CAN 时，R1 与 R2 必须都拨到上方。H 与 L 间，不能加入任何电阻，否则容错 CAN 无法正常运行
	R2	
	H	CAN2 总线 H 信号
	G	容错 CAN 的信号地，正常情况下可不接 注意： 1. 当需要用到容错功能或者使用单线 CAN 时，则必须把容错 CAN 或单线 CAN 网络的地与 G 接到一起 2. CAN2 完全兼容单线 CAN，接单线 CAN 时，单线 CAN 的 CANH 接 CAN2 的 H，单线 CAN 的地接 CAN2 的 G
	L	CAN2 总线 L 信号
指示灯	PWR	电源指示灯
	SYS	系统状态指示灯，正常情况为常灭状态。总线出现错误时，常亮
	CAN1	CAN1 通道指示灯（收发数据时闪烁）
	CAN2	CAN2 通道指示灯（收发数据时闪烁）

二、CAN-USB 调试软件使用

1. 启动和关闭设备

（1）选择设备型号　在菜单栏"设备型号"下拉菜单中选择对应的设备型号，其中"USB-CAN"为单通道 USB-CAN 适配器，"USB-CAN2.0"为双通道 USB-CAN 适配器，如图 5-2-9 所示。

CAN-USB 调试
工具使用

图 5-2-9　选择设备型号

（2）启动 USB-CAN 适配器　在菜单栏选择"设备操作"下拉菜单中的"启动设备"，程序将自动查找并打开 USB-CAN 适配器，如图 5-2-10 所示。

（3）关闭 USB-CAN 适配器　在菜单栏选择"设备操作"下拉菜单中的"关闭设备"，程序将关闭 USB-CAN 适配器，如图 5-2-11 所示。

图 5-2-10　启动 USB-CAN 适配器

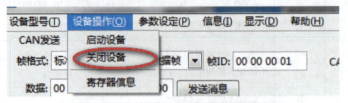

图 5-2-11　关闭 USB-CAN 适配器

2. 发送消息

如图 5-2-12 所示，在发送设置区设置好发送条件，如帧格式、帧类型、帧 ID、CAN 通道、发送总帧数、是否 ID 递增、是否数据递增、发送周期和数据，然后按"发送消息"按钮，开始发送；这里着重解释帧 ID、发送总帧数、ID 递增、数据递增和数据。

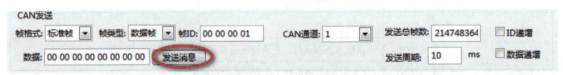

图 5-2-12　发送消息

1）帧 ID 设置。即 CAN 消息帧的 ID 值，本工具中均采用右对齐方式，ID 值分 4 个字节输入，以 16 进制表示，字节之间用空格分开，如 ID=0x18FF0023 时，帧 ID 应写成"18 FF 00 23"。

2）发送总帧数。设置本次发送的总帧数，值 =-1 表示不限制发送帧数（即持续发送），值 =0 无效，值 ≥1 表示具体的发送帧数，发送帧数达到设置值则自动停止发送。

3）ID 递增设置。在发送总帧数大于 1 时，如勾选了 ID 递增项，则当前发送的帧 ID 值在之前发送帧 ID 值的基础上加 1，如 ID 序列："00 00 00 01""00 00 00 02""00 00 00 03"……（右对齐）。

4）数据递增设置。在发送总帧数大于 1 时，若勾选数据递增，则发送时，将 8 个字节的数据域值由低到高组合成一个 64 位无符号数，每次发送数据递增 1，如第 1 帧数据为"00 00 00 00 00 00 00 00"，则第 2 帧数据为"01 00 00 00 00 00 00 00"……第 10 帧数据为"09 00 00 00 00 00 00 00"，第 11 帧数据为"10 00 00 00 00 00 00 00"，依次类推（显示方式：先低后高）。

注：上述数据域均为 16 进制表示。

CAN 发送数据输入框中，从左到右依次是 CAN 消息中数据域的第 1 字节～第 8 字节，如输入框中填写"01 23 45 67 89 AB CD EF"，则由低到高组合成的 64 位无符号数为 0xEFCDAB8967452301。在 CAN 消息列表中，先低后高显示为"01 23 45 67 89 AB CD

EF"（默认显示方式）；先高后低显示为"EF CD AB 89 67 45 23 01"（在显示菜单下可选择显示方式）。

5）数据填充。数据填写时低字节在左，高字节在右，CAN 消息数据域包含最多 8 个字节的数据，所以数据的标准填写格式为以空格间隔的 0~8 个 16 进制数（每个数的最大值为 0xFF），数据域的长度根据填写的字节个数自动判断；若勾选了"数据递增"选项，则数据域的长度被锁定为 8 个，如输入的字节数不够 8 个，则向高字节方向自动填零至 8 字节，如数据填写为"12 34 56 78"时，会被自动补充为"12 34 56 78 00 00 00 00"（先低后高）。

3. 接收消息

如图 5-2-13 所示，勾选"打开 CAN 接收"选项后，开始接收已使能的 USB-CAN 适配器特定通道上的数据。

图 5-2-13 接收消息

如图 5-2-14 所示，通过改变"参数设定"菜单下"接收使能"中的相关通道勾选状态，来打开通道 1 及通道 2 的接收。

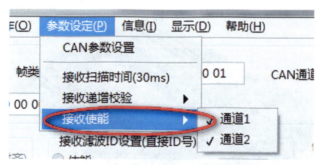

图 5-2-14 打开对应通道

4. CAN 参数设置

1）波特率设置。波特率参数下拉列表中提供了 10k 到 1000k 的标准波特率设置，并提供了非常规波特率设置方式，选择列表中的"self define"，再设置波特率各寄存器值即可。其中，波特率的计算公式为：
波特率 =16000000/（同步段 + 传播时间段 + 相位缓冲段 1+ 相位缓冲段 2）/ 预分频。

2）工作模式。如图 5-2-15 所示，可选择正常工作、仅监帧听模式和自测模式（环回模式）。

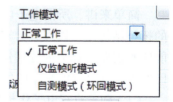

图 5-2-15 工作模式选择

三、线控底盘 CAN 通信测试

查阅线控底盘的 CAN 矩阵文件，按照下面的步骤对线控底盘完成功能测试。测试过程中不要操作加速踏板、制动踏板和方向盘，方向盘回正，挡位处于 N 位。

1）进入线控模式。
2）指定 20% 制动踏板开度进行制动。
3）挡位控制。
4）指定 20% 加速踏板开度行驶。
5）控制方向盘。
6）退出线控模式。

知识与能力拓展

域控制器

1. 电子电气架构升级背景

图 5-2-16 所示为博世某款汽车 ECU，ECU 是汽车某功能或者多个功能的电子控制单元，它由微控制器（MCU）、存储器（ROM、RAM）、输入/输出接口（I/O）、模数转换器（A/D）以及驱动等大规模集成电路组成。ECU 是电子电气架构（Electrical/Electronic Architecture，E/EA）的核心组成部分。

图 5-2-16　汽车 ECU

简单来讲，所谓电子电气架构可以理解为汽车上所有的电子和电气部件，以及它们间的拓扑结构（可以理解为布局）和线束连接的总称。近年来智能汽车特有的自动驾驶和智能座舱需要大算力的处理器，以及高速数据传输，在传统的电子电气架构上进行修修补补已经无法满足智能汽车的性能需求，所以电子电气架构的改革就显得势在必行了。

（1）随着汽车电子化与智能化的发展，ECU 数量与线束数量成为成本与车重的负担　在分布式架构中，ECU 被运用在制动系统、传动系统、悬架系统、安全系统、驱动系统等方方面面，几乎车辆的每一个独立功能和传感器都需要配备一个 ECU。随着目前汽车电子化与智能化程度的提高，单车中的 ECU 数量不断提升。2019 年，我国汽车单车 ECU 数量平均为 25 个，目前在高端车型与智能化程度高的车型中主要 ECU 的数量达到 100 多个，加上一些简单功能的 ECU，总数可能超过 200 个。自动驾驶与其他智能化模块的应用使车辆需要更多的传感器（如摄像头、雷达）与处理器，如果仍然采用分布式架构来实现，将使汽车 ECU 数量大幅提升，推动成本上升。

除此之外，同一车辆上的不同 ECU 之间也需要通过 CAN 和 LIN 总线连接在一起，因此 ECU 数量的增多也导致了总线线束的数量和复杂程度的大幅提升。图 5-2-17 所示为某款车的电气线束图。总线线束的增加首先会增加车重，同时由于线束的主要材料为铜，线束的增多会较显著地提高单车成本。域控架构将模块内多个 ECU 的功能集成到了一个域控制器中，可以很大程度地控制 ECU 数量，简化线束。

（2）分布式架构信息传输能力有限，无法满足自动驾驶等复杂智能功能　传统的分布式架构中 ECU 之间的通信能力有限，大多通过 CAN、LIN、FlexRay 等通信，数据的传输速度非常有限，最高只能达到约 20Mbit/s。在自动驾驶中，信息需要被实时传输和处理，一个摄像头产生的数据量就会达到 200Mbit/s，L3 级以上的自动驾驶运用的激光雷达则会产生大于 1Gbit/s 的数据量，无法通过分布式架构实现信息的实时传输。

图 5-2-17　汽车线束

（3）分布式架构无法满足自动驾驶的高算力需求　汽车智能化需要车辆中的控制器具备足够的算力实现大量的信息处理与运算，以自动驾驶功能为例，L2 级的自动驾驶需要至少 50TOPS 的算力，L3 级的自动驾驶需要 300 TOPS 以上的算力，L4 级则需要 700~1000TOPS 的算力，这样的高算力要求是分布式 ECU 完全无法达到的，而自动驾驶域控制器在配备了高算力的芯片之后就可以满足各种汽车智能化的信息处理与运算要求。同时，供应商在设计全车的各个 ECU 时都会对算力留有冗余，并且各个 ECU 之间存在功能的重叠，从整车的视角来看就浪费了大量算力。而域控制器的冗余留存是针对整个域的，将冗余的重叠与算力的闲置最小化。

（4）域控制器实现了软硬件的解耦，实现了软件的 OTA　在传统的分布式 ECU 架构中，各个 ECU 之间通过 CAN、LIN 总线进行点对点数据传输，通信方式在汽车出厂时已经确定。在智能网联汽车中，大量的功能需要 ECU 间的协调工作来实现，当前 ECU 间基于信号的点对点通信将会变得异常复杂，且不具备灵活性和扩展性，微小的功能改动都会引起整车通信矩阵的改动。因此，将面向服务的架构（SOA）引入当前汽车软件设计中。有别于面向信号的传统架构，SOA 中的每个服务都具有唯一且独立的身份标识，并通过服务中间件完成自身的发布、对其他服务的订阅以及与其他服务的通信工作。此外由于其"接口标准可访问"的特性，服务组件的部署不再依赖于特定的操作系统和编程语言，实现了组件的"软硬分离"，软硬件的升级调整不会影响到整个网络，从而提升了汽车功能延展性。

2. 域控制器电子电气架构

如图 5-2-18 所示，电子电气架构分为三个阶段：分布式电子电气架构、域集中电子电气架构、中央集中电子电气架构。伴随着电子电气架构的升级，汽车数据处理及传输能力越来越强大，可实现更多拓展功能。

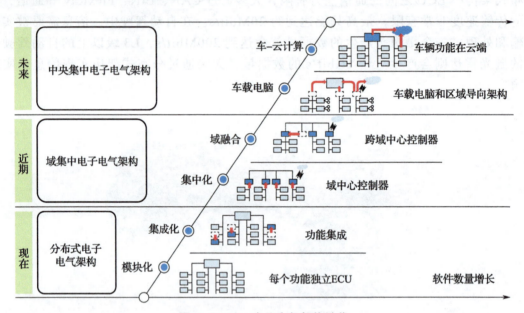

图 5-2-18 电子电气架构迭代

各大汽车主机厂商根据自己研发理念的不同，以及划分的数量和功能不同，一般将汽车功能划分成 5 个域，即动力域、底盘域、车身域、座舱域、自动驾驶域，这种划分就是五域集中式电子电气架构，如图 5-2-19 所示。

除了这种五域划分方式之外，有的厂商在五域集中式电子电气架构基础上做了进一步融合，比如把动力域、底盘域和车身域整合为车辆控制域，形成另外一种三域集中式电子电气架构，即车辆控制域、智能驾驶域、智能座舱域。功能域内的通信依然沿用之前的数据总线（比如 CAN 总线、LIN 总线、FlexRay 总线）进行通信，而功能域之间的通信，由于信息量极大，就需要传输速度更高的以太网来承担信息交互的任务。

大众采用的是三域集中式电子电气架构，以 ID.4 CROZZ 为例，如图 5-2-20 所示，三个中央控制单元（In Car Application Server, ICAS）分别为车辆控制器 ICAS1、智能驾驶控制器 ICAS2、信息娱乐控制器 ICAS3。

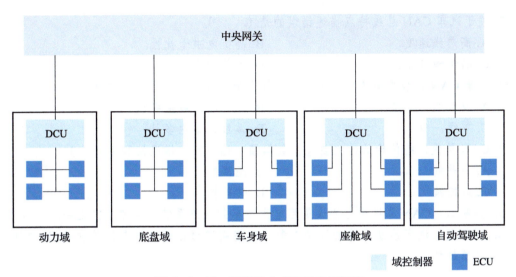

图 5-2-19　五域集中式电子电气架构

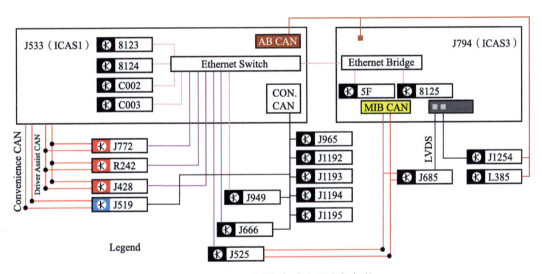

图 5-2-20　三域集中式电子电气架构

车辆控制器 ICAS1 最多可负责 8 个不同 CAN 区域的通信，除此之外，它还负责控制和协调大量功能，比如网关、防盗锁止、KESSY/ 中央门锁、续驶里程计算、充电控制、离车方案、高 / 低电源协调等。智能驾驶控制器 ICAS2 用于支持高级自动驾驶功能。信息娱乐控制器 ICAS3 主要侧重于信息娱乐系统、车辆设置、导航服务等。

强化练习

1. CAN 总线网络传输中用于接收单元向发送单元请求主动发送数据的帧为（　　）。
   A. 数据帧　　　　　　　　　　B. 远程帧
   C. 过载帧　　　　　　　　　　D. 错误帧

2. 关于汽车 CAN 总线特点描述错误的是（   ）。
   A. 高总线速度　　　　　　　　B. 高抗电磁干扰性
   C. 高传输可靠性　　　　　　　D. 价格便宜
3. 汽车 CAN 总线采用（   ）作为传输介质，是一种（   ）总线。
   A. 双绞线，多主　　　　　　　B. 双绞线，单主多从
   C. 单线，多主　　　　　　　　D. 单线，单主多从
4. CAN 总线网络传输的帧主要包括数据帧、远程帧、错误帧和（   ）。
   A. 过载帧　　　　　　　　　　B. 距离帧
   C. 监控帧　　　　　　　　　　D. 传输帧
5. 判断题：CAN 总线通信协议是目前汽车车载网络系统的主流标准之一。（   ）
6. 判断题：汽车诊断通信协议是车载诊断终端通过诊断总线与网关和 CAN 总线进行通信的协议。（   ）

高等职业教育智能网联汽车类专业创新教材

智能网联汽车装调与测试
实训工单

◎ 冯亚朋　徐艳民　主编

机械工业出版社
CHINA MACHINE PRESS

目　录

任务 1.1　智能网联汽车认知与安装　/ 1

任务 1.2　智能网联汽车安全操作　/ 4

任务 2.1　Ubuntu 系统安装与基本使用　/ 7

任务 2.2　ROS 安装与基本使用　/ 9

任务 3.1　雷达传感器安装与调试　/ 11

任务 3.2　视觉传感器安装与调试　/ 16

任务 3.3　定位传感器安装与调试　/ 20

任务 4.1　道路数据采集与高精地图制作　/ 26

任务 4.2　目标检测深度学习数据集制作　/ 29

任务 5.1　线控底盘控制系统认知　/ 32

任务 5.2　线控底盘 CAN 通信测试　/ 35

任务 1.1 智能网联汽车认知与安装

个人信息
日期：___年___月___日　　班级：_____　　姓名：_____　　学号：_____
一、任务描述
智能网联汽车技术是一项前沿的汽车技术，无论是从汽车硬件上还是从软件架构上都与大家学习过的燃油车和新能源汽车有很大不同。在此部分，我们将对智能网联汽车的基础知识进行学习，包括智能网联汽车的定义、内涵、分类、结构组成与功用，以及智能网联汽车的核心技术。在此基础上，我们将通过实车完成智能网联汽车各系统（部件）的认知和安装。通过本任务的学习，你将对智能网联汽车有个整体的认识，并为后续的车辆安全操作学习打下基础。
二、任务准备

1. 简述智能网联汽车的定义。	配分（　　）	得分（　　）

2. 简述智能网联汽车的等级划分。	配分（　　）	得分（　　）

3. 简述智能网联汽车的系统组成与功用。	配分（　　）	得分（　　）

三、智能网联汽车认知任务实施
1. 注意事项
请认真阅读智能网联汽车安全操作部分的智能网联汽车安全操作步骤与注意事项并严格执行。

（续）

2. 设备与工具清单

名称	数量	名称	数量
智能网联车辆	1辆	遥控器	1个
封闭测试场地	—	封闭测试警示设备	1套

3. 任务实施记录

（1）智能网联汽车实车部件认知　　　　　　配分（　）　得分（　）

序号	部件实物	部件名称	所属系统	功用简述
1				
2				
3				
4				
5				
6				
7				
8				
9				

(续)

（2）智能网联汽车电气连接	配分（ ）	得分（ ）
在此绘制智能网联汽车部件（系统）的电气连接图。		
总分	配分（ ）	得分（ ）

四、任务实施评价

是否达成学习目标？	是	否
是否能准确识别智能网联汽车的各部件？		
能否准确说出智能网联汽车各部件的所属系统和功用？		
能否准确清晰地画出智能网联汽车部件的电气连接关系？		
教师总评：		

任务 1.2　智能网联汽车安全操作

个人信息
日期：___年___月___日　　班级：_____　　姓名：_____　　学号：_____
一、任务描述
智能网联汽车无论是在封闭场地和道路上进行测试还是商业运营中都需要安全员进行监管，在必要时，需要安全员接管车辆的驾驶权，避免车辆出现危险隐患。在此部分，我们将对智能网联汽车的安全机制和安全操作流程进行学习。在此基础上，我们将通过实车完成车辆安全操作使用。通过本任务的学习，你将具备智能网联车辆安全操作的能力，为后续任务学习打下基础。
二、任务准备
1. 简述智能网联汽车线控模式的操作流程。　　　配分（　）　得分（　）
2. 简述智能网联汽车自动驾驶模式的操作流程。　配分（　）　得分（　）
3. 简述智能网联汽车自动驾驶模式退出的操作流程。配分（　）　得分（　）
三、智能网联汽车安全操作任务实施
1. 注意事项
请认真阅读智能网联汽车安全操作步骤与注意事项并严格执行。 　　1）为了防止有底盘损坏的情况，在使用前，必须先将底盘架起使底盘所有车轮悬空，此时方可进行遥控操作使用底盘，并按下急停按钮检查急停是否有效，检查底盘无异常后方可落地使用。

(续)

2）底盘在充电时，必须关机并按下急停按钮，必须使用底盘配套充电器。

3）在狭小空间、人流密集环境使用遥控器操控底盘，须采用低速挡。

4）遥控器控制底盘运动时，为了安全，解锁后先左右拨动右摇杆（不可立即前后拨动摇杆），控制底盘前轮转向，查看小车是否异常，再进行进一步操控。

2. 设备与工具清单

名称	数量	名称	数量
智能网联车辆	1辆	遥控器	1个
封闭测试场地	—	封闭测试警示设备	1套

3. 任务实施记录

（1）智能网联汽车遥控使用　　　　　　　　　　配分（　　）得分（　　）

序号	名称	作用

（2）智能网联汽车安全操作　　　　　　　　　　配分（　　）得分（　　）

请完成以下操作，并记录操作过程。

	步骤	操作
操作1：基本操作 完成上电并以低速挡前进10m，调整方向后原路返回并再次调整方向回归到原点，下电		

	步骤	操作
操作2：安全操作 在自动驾驶模式下（教师操作），进行手动接管控制、紧急制动控制、紧急断电控制		

总分	配分（　　）得分（　　）

（续）

四、任务实施评价

	是	否
是否达成学习目标？		
是否能熟练完成车辆的上电和下电操作？		
是否能熟练完成车辆的遥控激活操作？		
是否能熟练完成车辆控制操作？		
是否能在必要时熟练地切换自动驾驶模式到手动驾驶模式？		
是否能在必要时熟练地进行紧急制动控制，使车辆安全停下？		
是否能在必要时熟练地进行车辆紧急断电，使车辆安全停下？		

教师总评：

任务 2.1　Ubuntu 系统安装与基本使用

个人信息
日期：＿＿年＿＿月＿＿日　　班级：＿＿＿＿　　姓名：＿＿＿＿　　学号：＿＿＿＿
一、任务描述
智能网联汽车技术的开发一般都是基于 Ubuntu 系统，后面内容的深入学习都将依托 Ubuntu 系统展开。在此部分，我们将对 Ubuntu 系统的组成、常见安装方式进行学习。在此基础上，我们将完成 Ubuntu 系统的安装，并在 Ubuntu 系统练习常用指令。通过本任务的学习，你将具备 Ubuntu 的安装及基本使用能力，为后续任务学习打下基础。
二、任务准备
1. 简述 Ubuntu 和 Linux 的关系。　　　　　　　　　配分（　　）　得分（　　）
2. 简述 Ubuntu 的系统文件组成。　　　　　　　　　配分（　　）　得分（　　）
3. 简述虚拟机 Ubuntu 系统的安装步骤。　　　　　　配分（　　）　得分（　　）
三、Ubuntu 系统安装与基本使用任务实施
1. 注意事项
注意虚拟机配置参数要和计算机配置相吻合。
2. 设备与工具清单

名称	数量	名称	数量
计算机	多台	镜像系统盘	多个

3. 任务实施记录

Ubuntu 常用指令练习	配分（ ）	得分（ ）

在 Ubuntu 下使用命令终端完成以下操作练习，并依次填写你的操作指令：

序号	操作	指令
1	切换到 /home/ 用户名 / 路径下，创建两个文件夹，文件夹名为 /ubuntu/ 你的学号	
2	在文件夹 "/ubuntu/ 你的学号" 下创建一个文件，文件名为 test.md	
3	复制 test.md 文件，复制之后的文件名为 test_copy.md	
4	删除 test.md 文件	
5	移动 test_copy.md 文件到上级目录	
6	删除你开始练习时所创建的文件夹 "/ubuntu/ 你的学号"	

总分	配分（ ）	得分（ ）

四、任务实施评价

是否达成学习目标？	是	否
是否完成虚拟机的安装？		
是否完成 Ubuntu 系统的安装？		
是否能熟练地使用 Ubuntu 常用指令？		
教师总评：		

任务 2.2　ROS 安装与基本使用

个人信息
日期：＿＿＿年＿＿＿月＿＿＿日　　班级：＿＿＿＿＿　　姓名：＿＿＿＿＿　　学号：＿＿＿＿＿

一、任务描述

　　智能网联汽车技术的开发一般都是基于 ROS，后面内容的深入学习都要依托 ROS 展开。在此部分，我们将对 ROS 的系统组成、常用组件、系统架构和通信机制进行学习。在此基础上，我们将完成 ROS 的安装，并练习 ROS 常用指令。通过本任务的学习，你将具备 ROS 的安装和基本使用能力，为后续任务学习打下基础。

二、任务准备

1. 简述 ROS 的组成。	配分（　　）	得分（　　）

2. 简述 ROS 的特点。	配分（　　）	得分（　　）

3. 简述 ROS 与自动驾驶的关系。	配分（　　）	得分（　　）

三、智能网联汽车安全操作任务实施

1. 注意事项

　　注意检查 ROS 安装的完整性。
　　注意 ROS 的版本和 Ubuntu 版本要对应。

（续）

2. 设备与工具清单

名称	数量	名称	数量
计算机	多台	镜像系统盘	多个

3. 任务实施记录

常用指令练习		配分（　）	得分（　）

序号	操作
1	在命令终端窗口启动海龟指令：_____。
2	在命令终端窗口启动海龟键盘控制节点指令：_____。
3	在命令终端窗口查看当前已启动的所有节点指令_____，节点分别为_____、_____和_____。
4	在命令终端窗口查看海龟节点的相关信息指令：_____。该节点发布的话题：_____，_____和_____。该节点订阅的话题：_____。
5	调用海龟的相关服务，在海龟界面上生成另外一只海龟，指令：_____。
6	查看两只海龟所订阅的话题，在命令终端窗口分别向两只海龟发送话题，实现以不同的速度值进行圆周运动，指令：_____和_____。
7	在命令终端窗口查看海龟运动的速度值。其中，海龟1：线速度 x：_____；线速度 y：_____；线速度 z：_____。海龟2：角速度 x：_____；角速度 y：_____；角速度 z：_____。

总分	配分（　）	得分（　）

四、任务实施评价

	是	否
是否达成学习目标？		
是否完成 ROS 完整安装？		
是否能对 ROS 安装成功与否进行检查？		
是否能熟练地使用 ROS 常用指令？		

教师总评：

任务 3.1 雷达传感器安装与调试

个人信息
日期：___年___月___日　　班级：_____　　姓名：_____　　学号：_____
一、任务描述
传感器作为智能网联汽车感知环境的数据来源，是智能网联汽车非常重要的组成部分。在项目一中，我们已经对智能网联汽车的传感器有了一个整体的认识，在本项目我们开始深入各种传感器原理、特点与应用的学习，并在此基础上完成对各传感器的安装、数据获取、标定、调试操作。在此任务部分，我们将对激光雷达的定义、分类、原理、特点和应用等理论知识进行学习。在此基础上，完成单线和多线激光雷达电气连接、驱动编译、参数配置、数据获取和数据可视化等装调操作。通过本任务的学习，你将具备激光雷达传感器的装调能力，为将来智能网联车辆装调工作打下基础。
二、任务准备
1. 简述激光雷达的定义与分类。　　　　　　　　　　　　配分（　）　得分（　）
2. 简述激光雷达的功用。　　　　　　　　　　　　　　　配分（　）　得分（　）
3. 简述激光雷达的特点。　　　　　　　　　　　　　　　配分（　）　得分（　）
三、激光雷达安装与调试任务实施
1. 注意事项
请认真阅读智能网联汽车安全操作步骤与注意事项并严格执行。

(续)

2. 设备与工具清单

名称	数量	名称	数量
智能网联车辆	1辆	遥控器	1个
封闭测试场地	—	封闭测试警示设备	1套

3. 任务实施记录

3.1 单线激光雷达安装与调试

（1）单线激光雷达安装　　　　　　　　　　　配分（　）　得分（　）

1）请按照如下示意图完成激光雷达的安装。

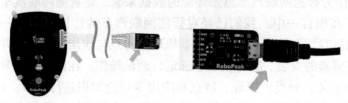

2）下图为激光雷达线束端子图，完成下表。

序号	颜色	定义	说明
1			
2			
3			
4			
5			
6			
7			
8			

（2）激光雷达网络参数配置　　　　　　　　　配分（　）　得分（　）

序号	步骤	操作内容
1	查看激光雷达的端口号	指令：_____
2	激光雷达的端口号	端口号：_____
3	获取激光雷达端口权限	指令：_____
4	配置激光雷达相关参数	文件名：_____

（续）

（3）激光雷达数据获取		配分（　　）	得分（　　）
序号	步骤	操作内容	
1	启动激光雷达	指令：_____	
2	查看节点名称	指令：_____	
3	查看话题名称	指令：_____	
4	查看数据	指令：_____	
5	打开 rviz	指令：_____	
6	加载数据	话题：_____ 坐标：_____	

（4）激光雷达调试问题记录　　　　　　　　　　配分（　　）　得分（　　）

请在此记录激光雷达调试过程中遇到的问题与解决办法。

3.2 多线激光雷达安装与调试

（1）激光雷达安装　　　　　　　　　　　　　　配分（　　）　得分（　　）

1）请按照如下示意图完成激光雷达的安装。

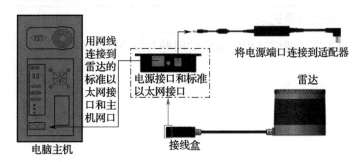

2）下图为激光雷达线束端子图，完成下表。

序号	颜色	定义	说明
1			
2			
3			
4			
5			
6			
7			
8			

（续）

（2）激光雷达网络配置			配分（　）	得分（　）
序号	步骤	操作内容		
1	配置主机的 IP 地址	IP：_____		
2	配置主机的端口号	端口号：_____		
3	配置激光雷达的 IP 地址	IP：_____		
4	配置激光雷达的端口号	端口号：_____		
5	网络测试	指令：_____ 是否正常：_____		

（3）激光雷达数据获取			配分（　）	得分（　）
序号	步骤	操作内容		
1	启动激光雷达	指令：_____		
2	查看节点名称	指令：_____		
3	查看话题名称	指令：_____		
4	查看数据	指令：_____		
5	打开 rviz	指令：_____		
6	加载数据	话题：_____ 坐标：_____		

（4）激光雷达调试问题记录	配分（　）	得分（　）
请在此记录激光雷达调试过程中遇到的问题与解决办法。		

总分	配分（　）	得分（　）

四、任务实施评价

	是	否
是否达成学习目标？		
是否能熟练完成激光雷达安装？		
是否能熟练完成激光雷达 IP 配置并进行测试？		
是否能熟练完成激光雷达节点的启动？		
是否能熟练完成激光雷达数据查看与可视化？		

（续）

是否能准确地记录激光雷达调试过程中所遇到的问题？		
是否能根据所遇到的问题完成基本调试工作？		
教师总评：		

任务 3.2　视觉传感器安装与调试

个人信息			
日期：＿＿年＿＿月＿＿日　班级：＿＿＿＿　姓名：＿＿＿＿　学号：＿＿＿＿			

一、任务描述

在此任务部分，我们将对视觉传感器的定义、分类、原理、特点和应用等理论知识进行学习。在此基础上，完成单目、双目和 RGBD 摄像头的电气连接、驱动编译、参数配置、数据获取和数据可视化等装调操作。通过本任务的学习，你将具备视觉传感器的装调能力，为将来智能网联车辆装调工作打下基础。

二、任务准备

1. 简述摄像头的分类与深度摄像头的定义。	配分（　）	得分（　）

2. 简述深度摄像头的功用和分类。	配分（　）	得分（　）

3. 简述各种深度摄像头的特点。	配分（　）	得分（　）

三、视觉传感器安装与调试任务实施

1. 注意事项

　　请认真阅读智能网联汽车安全操作步骤与注意事项并严格执行。

（续）

2. 设备与工具清单

名称	数量	名称	数量
智能网联车辆	1辆	遥控器	1个
封闭测试场地	—	封闭测试警示设备	1套

3. 任务实施记录

（1）RGBD 摄像头安装　　　　　　　　　　　　　配分（　）　得分（　）

1）请按照如下示意图完成摄像头雷达的安装。

2）下图为深度摄像头的结构图，请标出结构名称。

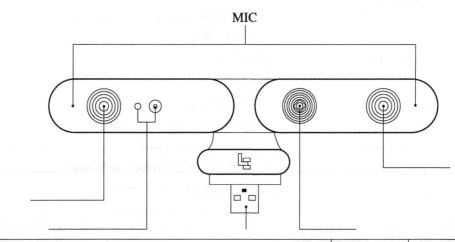

（2）RGBD 摄像头端口配置　　　　　　　　　　　配分（　）　得分（　）

序号	步骤	操作内容
1	绑定 USB 端口	指令：_____
2	查看 USB 端口	指令：_____ 绑定后的摄像头 USB 端口是：_____

（3）RGBD 摄像头数据获取　　　　　　　　　　　配分（　）　得分（　）

（续）

序号	步骤	操作内容
1	启动 RGBD 摄像头节点	指令：_____
2	查看节点名称	指令：_____
3	查看 RGBD 图像话题名称	指令：_____
4	查看 RGBD 数据	指令：_____
5	查看深度图像话题名称	指令：_____
6	查看深度图像数据	指令：_____
7	图像 rqt 可视化	指令：_____
8	图像 rviz 可视化	指令：_____ 话题：_____ 坐标：_____

（4）摄像头标定　　　　　　　　　　　　　　　　　配分（　　）得分（　　）

序号	步骤	操作内容
1	启动标定程序	指令：_____ 其中，标定板的大小：_____；单格尺寸：_____
2	摄像头标定	x 标定方向：_____ y 标定方向：_____ size 标定方向：_____ skew 标定方向：_____
3	标定结果	参数保存文件：_____
4	标定参数读取	图片的长宽（image_height、image_width）：_____ 摄像头名称（camera_name）：_____ 摄像头的内部参数矩阵（camera_matrix）：_____ 畸变模型（distortion_model）：_____ 畸变模型的系数（distortion_coefficients）：_____ 矫正矩阵（rectification_matrix）：_____ 投影矩阵（projection_matrix）：_____

（5）RGBD 摄像头调试问题记录　　　　　　　　　　配分（　　）得分（　　）

请在此记录 RGBD 摄像头调试过程中遇到的问题与解决办法。

总分	配分（　　）得分（　　）

（续）

四、任务实施评价		
是否达成学习目标？	是	否
是否能熟练完成摄像头安装？		
是否能熟练完成摄像头端口配置并进行测试？		
是否能熟练完成摄像头节点的启动？		
是否能熟练完成摄像头数据查看与可视化？		
是否能准确地记录摄像头调试过程中所遇到的问题？		
是否能根据所遇到的问题完成基本调试工作？		
教师总评：		

任务 3.3 定位传感器安装与调试

个人信息
日期：____年____月____日　　班级：_____　　姓名：_____　　学号：_____

一、任务描述

在此任务部分，我们将对定位传感器的定义、分类、原理、特点和应用等理论知识进行学习。在此基础上，完成 GPS、惯性导航和组合惯导等传感器的电气连接、驱动编译、参数配置、数据获取和数据可视化等装调操作。通过本任务的学习，你将具备定位传感器的装调能力，为将来智能网联车辆装调工作打下基础。

二、任务准备

1. 简述组合惯导的定义。	配分（　）	得分（　）

2. 简述组合惯导的功用。	配分（　）	得分（　）

3. 简述组合惯导的特点。	配分（　）	得分（　）

三、组合惯导安装与调试任务实施

1. 注意事项

请认真阅读智能网联汽车安全操作步骤与注意事项并严格执行。

（续）

2. 设备与工具清单

名称	数量	名称	数量
智能网联车辆	1辆	遥控器	1个
封闭测试场地	—	封闭测试警示设备	1套

3. 任务实施记录

（1）组合惯导安装　　　　　　　　　　　　　　　配分（　　）　得分（　　）

1）请按照如下示意图完成组合惯导的安装。

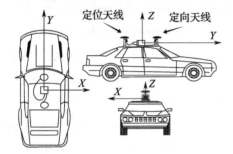 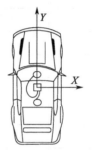 

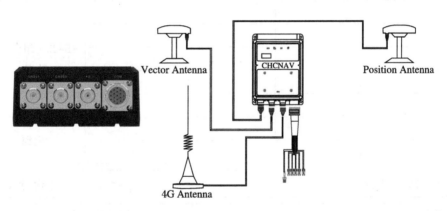

2）下图为组合惯导线束端子图，完成下表。

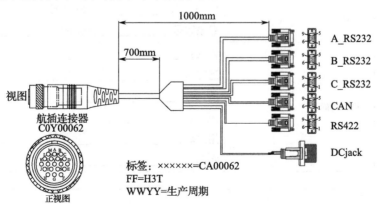

（续）

航插针脚 PIN 序号	DB9 针脚序号	定义	线束
			A_RS232（NMEA 数据）
			B_RS232（GNSS 差分口）
			C_RS232（组合导航数据 GPCHC）
			CAN（组合导航数据）
			RS422（组合导航数据）
			电源

（2）组合惯导配置　　　　　　　　　　　　　　　　　配分（　）　得分（　）

序号	步骤	操作内容
1	网络配置	WiFi 名称：_____　WiFi 密码：_____ 登录账号：_____　登录密码：_____
2	RTK 配置	协议：_____ 远程 IP：_____ 端口号：_____ 源列表：_____ 用户名：_____ 密码：_____

（续）

序号	步骤	操作内容
3	车辆参数设置	使用天线数：_____ 工作模式：_____ 惯导到车辆坐标系夹角：_____ GNSS 定向基线与车辆坐标系夹角：_____ 定位天线到后轮中心杆臂：_____，_____，_____ 惯导到 GNSS 定位主天线矢量：_____，_____，_____
4	数据输出配置	协议：_____ 波特率：_____

（3）组合惯导工作状态　　　　　　　　　　　　　　配分（　）得分（　）

序号	指示灯	状态	含义
1	电源灯		
2	卫星灯		
3	差分灯		
4	状态灯		

（4）组合惯导数据获取　　　　　　　　　　　　　　配分（　）得分（　）

序号	步骤	操作内容	
1	启动组合惯导	指令：_____	
2	查看节点名称	指令：_____	
3	查看话题名称	指令：_____	
4	查看数据	指令：_____	
5	GPCHC 数据协议	GPCHC	
		GPSWeek	
		GPSTime	
		Heading	
		Pitch	
		Roll	
		gyro x	
		gyro y	
		gyro z	
		acc x	

（续）

序号	步骤	操作内容	
5	GPCHC 数据协议	acc y	
		acc z	
		Latitude	
		Longitude	
		Altitude	
		Ve	
		Vn	
		Vu	
		Baseline	
		NSV1	
		NSV2	
		Status	
		Age	
		Warming	
		Cs	
		<CR><LF>	
6	数据解析	经度：_____ 偏航角：_____	纬度：_____ 定位状态：_____

（5）组合惯导调试问题记录	配分（　）	得分（　）
请在此记录组合惯导调试过程中遇到的问题与解决办法。		
总分	配分（　）	得分（　）

四、任务实施评价

	是	否
是否达成学习目标？		
是否能熟练完成组合惯导安装？		
是否能熟练完成组合惯导 IP 配置并进行参数配置？		
是否能熟练完成组合惯导节点的启动？		

（续）

是否能熟练完成组合惯导数据查看与解析？		
是否能准确地记录组合惯导调试过程中所遇到的问题？		
是否能根据所遇到的问题完成基本调试工作？		
教师总评：		

任务 4.1　道路数据采集与高精地图制作

个人信息
日期：＿＿年＿＿月＿＿日　　班级：＿＿＿＿　　姓名：＿＿＿＿　　学号：＿＿＿＿＿

一、任务描述

　　高精地图是开启 L3 级自动驾驶的一把关键钥匙，传感器＋高精地图的组合能满足 L3 级自动驾驶对整体环境检测、评估、决策的要求，同时为功能安全提供冗余。在此任务部分，我们将对高精地图的数据组成、特点、应用、混合制作流程等内容进行学习。在此基础上，安装高精地图标注软件，完成数据采集、点云地图创建、高精地图制作等任务。通过此任务的学习，你将具备数据采集和高精地图标准制作的能力，为将来智能网联车辆高精地图标注工作打下基础。

二、任务准备

1. 简述高精地图的内容组成与功用。	配分（　　）	得分（　　）

2. 简述高精地图和传统导航地图的区别。	配分（　　）	得分（　　）

3. 简述 vector map 格式高精地图手工标注的流程。	配分（　　）	得分（　　）

三、高精地图制作任务实施

1. 注意事项

　　请认真阅读智能网联汽车认知部分的智能网联汽车安全操作步骤与注意事项并严格执行。

（续）

2. 设备与工具清单

名称	数量	名称	数量
智能网联车辆	1辆	遥控器	1个
封闭测试场地	—	封闭测试警示设备	1套

3. 任务实施记录

（1）数据采集　　　　　　　　　　　　　　　　配分（　）　得分（　）

序号	操作步骤	相关操作	过程记录
1	激光雷达连接调试与数据获取		
2	使用遥控器移动车辆，进行数据采集		
3	采集数据保存与检查		

（2）创建点云地图　　　　　　　　　　　　　　配分（　）　得分（　）

序号	操作步骤	相关操作	过程记录
1	启动建图节点与参数配置		
2	播放数据，离线建图		
3	点云地图保存与加载测试		

注：提交工作页时，以附件形式上传 PCD 文件。

（3）高精地图手工标注　　　　　　　　　　　　配分（　）　得分（　）

序号	操作步骤	相关操作	过程记录
1	Unity 手工标注与文件导出		
2	高精地图加载与可视化		

注：提交工作页时，以附件形式上传 vector map 文件。

总分	配分（　）	得分（　）

四、任务实施评价

是否达成学习目标？	是	否

(续)

是否能熟练使用相关指令代码完成传感器节点启动、数据采集录制、点云地图离线建图?	
是否能熟练使用高精地图标注工具完成高精地图的制作?	
是否能熟练使用相关指令代码完成高精地图的加载发布与可视化?	
是否能在高精地图制作过程中准确记录遇到的问题?	
是否能根据所遇到的问题完成基本调试工作?	
教师总评:	

任务 4.2　目标检测深度学习数据集制作

个人信息
日期：____年____月____日　　班级：_____　　姓名：_____　　学号：_____
一、任务描述
在过去的十年里，自动驾驶汽车技术取得了很大的进步，这主要得益于深度学习和人工智能领域的进步，而深度学习离不开数据。在此任务部分，我们对深度学习定义及自动驾驶应用、数据集的组成等内容进行学习。在此基础上，安装数据集标注软件，完成数据采集、数据标注、数据集制作等任务。通过此任务的学习，你将具备数据采集和数据集标注制作的能力，为将来智能网联车辆数据集标注工作打下基础。
二、任务准备
1. 简述深度学习在图像领域的任务种类。　　　　　　　　　　配分（　）　得分（　）
2. 简述常用的深度学习和自动驾驶数据集。　　　　　　　　　配分（　）　得分（　）
3. 简述 VOC 数据集的组成。　　　　　　　　　　　　　　　　配分（　）　得分（　）
三、深度学习训练任务实施
1. 注意事项
请认真阅读智能网联汽车安全操作步骤与注意事项并严格执行。

(续)

2. 设备与工具清单

名称	数量	名称	数量
智能网联车辆	1辆	遥控器	1个
封闭测试场地	—	封闭测试警示设备	1套

3. 任务实施记录

(1) 红绿灯数据采集　　　　　　　　　　　配分(　)　得分(　)

序号	操作步骤	相关操作	过程记录
1	摄像头连接调试与数据获取		
2	使用遥控器移动车辆，进行数据采集		
3	采集数据保存与检查		
4	图片提取		

(2) VOC 数据集制作　　　　　　　　　　　配分(　)　得分(　)

序号	操作步骤	相关操作	过程记录
1	图片标注		
2	批量重命名		
3	数据及分配		

(3) 深度学习训练　　　　　　　　　　　　配分(　)　得分(　)

序号	操作步骤	相关操作	过程记录
1	深度学习训练		
2	TensorRT 模型转换		

(4) 深度学习训练问题记录　　　　　　　　配分(　)　得分(　)

请在此记录数据集制作与深度学习过程中遇到的问题与解决办法。

总分	配分(　)　得分(　)

（续）

四、任务实施评价		
是否达成学习目标？	是	否
是否能熟练完成数据采集？		
是否能熟练完成图片提取？		
是否能熟练完成图片标注？		
是否能熟练完成 VOC 数据集制作？		
是否能熟练完成深度学习模型训练？		
是否能准确地记录数据集制作与深度学习过程中所遇到的问题？		
是否能根据所遇到的问题完成基本调试工作？		
教师总评：		

任务 5.1 线控底盘控制系统认知

个人信息			
日期：___年___月___日　班级：_____　姓名：_____　学号：_____			
一、任务描述			
线控底盘作为智能网联汽车的执行部件，需要完成来自决策控制系统的运动命令，实现各种车辆控制意图。在此部分，我们将对线控底盘各控制系统的组成和基本原理进行学习。在此基础上，完成线控底盘的电气改装。通过此任务的学习，你将具备线控底盘电气改装能力，为将来智能网联车辆线控底盘改装工作打下基础。			
二、任务准备			
1. 简述线控驱动系统组成与运行原理。		配分（　）	得分（　）
2. 简述线控制动系统组成与运行原理。		配分（　）	得分（　）
3. 简述线控转向系统组成与运行原理。		配分（　）	得分（　）
三、线控底盘 CAN 通信任务实施			
1. 注意事项			
请认真阅读智能网联汽车安全操作步骤与注意事项并严格执行。			

(续)

2. 设备与工具清单			
名称	数量	名称	数量
智能网联车辆	1辆	遥控器	1个
封闭测试场地	—	封闭测试警示设备	1套

3. 任务实施记录

（1）线控驱动系统改装	配分（　　）	得分（　　）
请绘制原车驱动系统与改装后的驱动系统的电气原理图。		

（2）线控转向系统改装	配分（　　）	得分（　　）
请绘制原车转向系统与改装后的转向系统的电气原理图。		

（3）线控制动系统改装	配分（　　）	得分（　　）
请绘制原车制动系统与改装后的制动系统的电气原理图。		

（续）

（4）线控底盘改装问题记录	配分（ ）	得分（ ）
请在此记录线控底盘改装过程中遇到的问题与解决办法。 		
总分	配分（ ）	得分（ ）

四、任务实施评价

	是	否
是否达成学习目标？		
是否能熟练查阅原车技术手册获取驱动、转向和制动系统的电气控制原理？		
是否能根据原车的底盘控制系统制定改装方案？		
是否能熟练地完成底盘控制系统电气改装？		
是否能熟练地完成底盘控制系统改装后电气故障诊断？		
是否能准确地记录线控底盘控制系统改装过程中所遇到的问题？		
是否能根据所遇到的问题完成基本调试工作？		
教师总评：		

任务 5.2 线控底盘 CAN 通信测试

个人信息
日期：___年___月___日　　班级：_____　　姓名：_____　　学号：_____
一、任务描述
线控底盘作为智能网联汽车的执行部件，通过 CAN 通信完成来自决策控制系统的运动命令，实现各种车辆控制意图。在此部分，我们将对 CAN 通信矩阵组成、参数含义和识读方法进行学习。在此基础上，完成线控底盘 CAN 通信调试任务。通过此任务的学习，你将具备线控底盘 CAN 通信调试能力，为将来智能网联车辆线控底盘调试工作打下基础。
二、任务准备

1. 简述 CAN 通信矩阵的定义。	配分（　　）	得分（　　）

2. 简述 Intel 和 Motorola 格式报文的读取方法。	配分（　　）	得分（　　）

3. 画出线控底盘 CAN 通信系统电气原理图。	配分（　　）	得分（　　）

三、线控底盘 CAN 通信任务实施
1. 注意事项
请认真阅读智能网联汽车安全操作步骤与注意事项并严格执行。

(续)

2. 设备与工具清单

名称	数量	名称	数量
智能网联车辆	1辆	遥控器	1把
封闭测试场地	—	封闭测试警示设备	1套

3. 任务实施记录

（1）线控底盘CAN通信模块安装　　　　　　　配分（　）　得分（　）

1）请按照如下示意图完成线控底盘的安装。

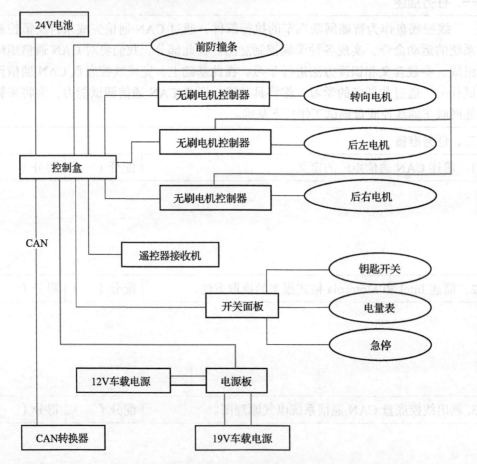

2）下图为CANalyst-Ⅱ分析仪线束端子图，完成下表。

(续)

	名称	描述
CAN1		
CAN2		
指示灯		

（2）线控底盘 CAN 通信控制底盘运动　　　　　　　　　配分（　　）得分（　　）

序号	运动控制	报文
1	速度 2000mm/s，角度左转 30°	数据 HEX:＿＿＿＿＿＿＿＿＿＿
2	速度 -500mm/s，角度右转 -20°	数据 HEX:＿＿＿＿＿＿＿＿＿＿

（3）线控底盘 CAN 通信底盘运动数据解析　　　　　　　配分（　　）得分（　　）

使用遥控器控制车辆进行随机运动，抓取报文进行解析

序号	报文	数据解析
1	报文 HEX:＿＿＿＿＿＿＿＿＿＿	
2	报文 HEX:＿＿＿＿＿＿＿＿＿＿	

（4）上位机线控底盘控制调试　　　　　　　　　　　　配分（　　）得分（　　）

序号	步骤	操作内容
1	启动线控底盘节点	指令:＿＿＿＿＿＿＿＿＿＿
2	查看节点名称	指令:＿＿＿＿＿＿＿＿＿＿
3	查看话题名称	指令:＿＿＿＿＿＿＿＿＿＿
4	查看线控底盘状态数据	指令:＿＿＿＿＿＿＿＿＿＿

（续）

序号	步骤	操作内容
5	上位机控制底盘运动速度 2000mm/s，角度左转 30°	指令：
6	上位机控制底盘运动速度 -500mm/s，角度右转 -20°	指令：

（5）线控底盘调试问题记录	配分（　）	得分（　）
请在此记录线控底盘调试过程中遇到的问题与解决办法。		

总分	配分（　）	得分（　）

四、任务实施评价

	是	否
是否达成学习目标？		
是否能熟练完成线控底盘安装？		
是否能熟练完成线控底盘 CAN 通信控制底盘运动？		
是否能熟练完成解析线控底盘 CAN 通信数据？		
是否能熟练完成上位机控制线控底盘运动？		
是否能熟练完成线控底盘节点的启动？		
是否能熟练完成线控底盘数据查看与解析？		
是否能准确地记录线控底盘调试过程中所遇到的问题？		
是否能根据所遇到的问题完成基本调试工作？		
教师总评：